INVENTAIRE
V35440

AF331450

L'ART DU PIANO

A LA

PORTÉE DE TOUT LE MONDE

OU ANALYSE COMPLÈTE

de la

NOUVELLE ÉCOLE DE PIANO

de

PIERRE COSTA

Membre de l'Académie Nationale de Paris,
Honoré de la médaille d'or par S. M. Napoléon III,
de la médaille de 2me classe de l'Académie Nationale de Paris
(exposition 1865).

PROFESSEUR DE PIANO DE CHANT ET DE COMPOSITION

AUTEUR DE PLUSIEURS OPÉRAS ITALIENS.

NICE,

IMPRIMERIE CAISSON ET MIGNON,
Place St-Dominique, 1.

L'ART DU PIANO

A LA
PORTÉE DE TOUT LE MONDE

OU ANALYSE COMPLÈTE

de la

NOUVELLE ÉCOLE DE PIANO

de

PIERRE COSTA

Membre de l'Académie Nationale de Paris,

Honoré de la médaille d'or par S. M. Napoléon III,
de la médaille de 2ᵐᵉ classe de l'Académie Nationale de Paris
(exposition 1865).

PROFESSEUR DE PIANO DE CHANT ET DE COMPOSITION

AUTEUR DE PLUSIEURS OPÉRAS ITALIENS.

NICE,

IMPRIMERIE CAISSON ET MIGNON,

Place St-Dominique, 1.

1867

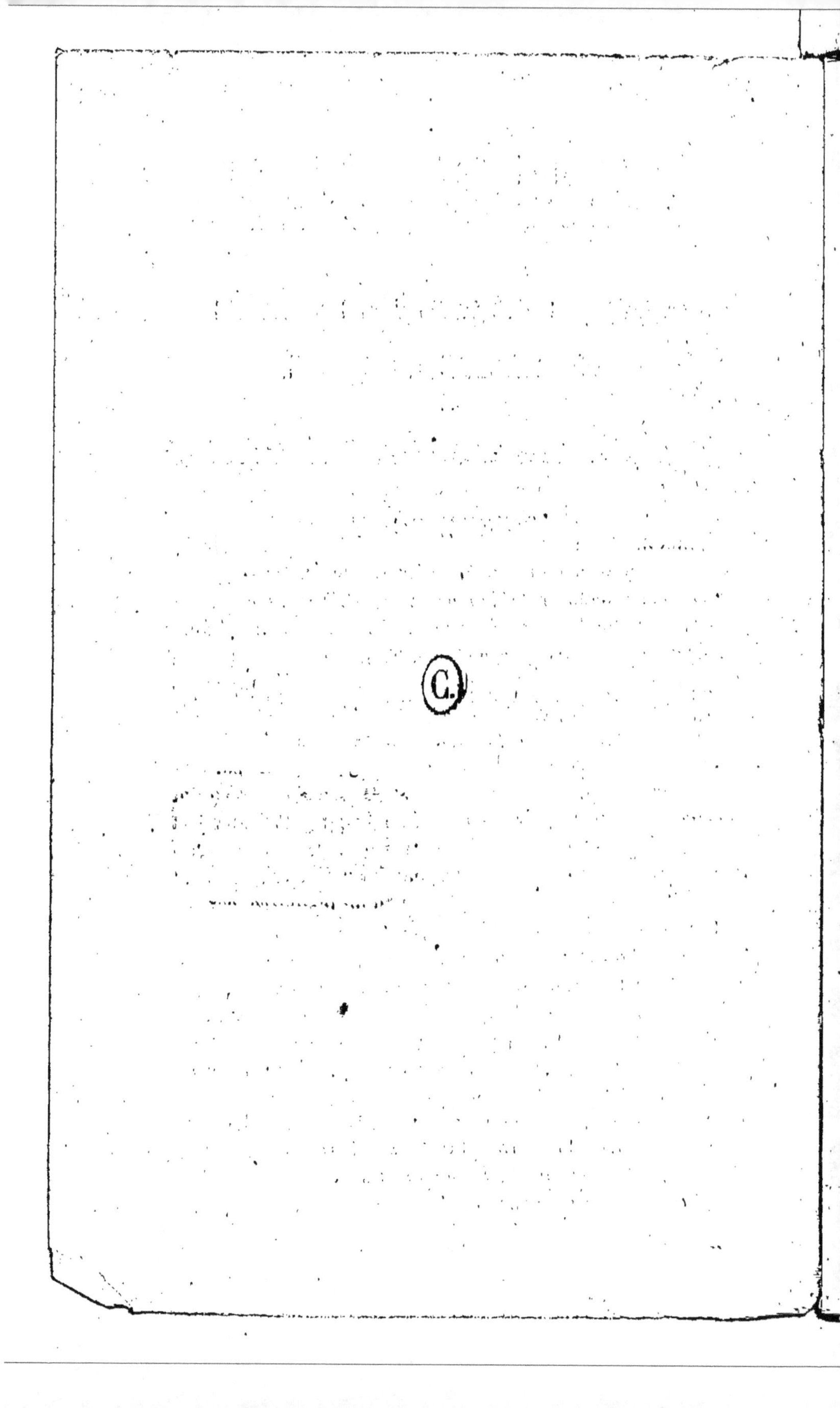

PRÉFACE

ou

Notice historique sur les diverses écoles de Piano.

Il serait bien difficile de parler sur l'art de toucher du piano, sans tout d'abord rendre hommage à ces génies immortels que l'on appelle Haydn, Bach, Mozart, Clementi, etc.; brillants météores créés, non par le hasard, mais bien par ce souffle divin et inspirateur qui enfante le génie, ils ont tracé cette route lumineuse et semée de chefs-d'œuvres dans laquelle se sont plus tard élancés les Beethoven, les Weber, les Cramer, les Hummel, etc., et toute une pléiade d'auteurs illustres qui, ayant suivi la voie tracée par ces maîtres, ont légué, comme eux, leurs noms et leurs chefs-d'œuvres à la postérité.

En considérant cependant les ouvrages laissés par ces grands écrivains, on s'aperçoit de suite que ces génies ont devancé de plus d'un demi-siècle l'art musical ainsi que l'art de toucher du piano; et, si l'histoire n'était là pour le prouver, on croirait difficilement que tant de chefs-d'œuvres aient été écrits pour un instrument de si peu de ressource, comme l'était alors le *clavecin*.

Si l'on remonte tout-à-fait à la source des écoles de piano ainsi qu'à l'invention de cet instrument, on peut voir que c'est un illustre rejeton de l'orgue d'église à qui il a emprunté une partie de sa vitalité, c'est-à-dire le clavier. Cependant, avant d'arriver à l'état où il se trouve aujourd'hui, le piano a dû passer par de nombreuses transformations qui toutes ont contribué à lui faire atteindre progressivement le degré de perfection auquel il est parvenu de nos jours. A l'exception de l'orgue, le premier instrument connu auquel on aie fait d'application du clavier, est le *clavicorde* que l'on transforma d'abord en *claquebois*, puis en *manicorde* et enfin en *épinette*, instrument qui était déjà tombé en désuétude lorsque les grands maîtres dont je viens de parler écrivirent leurs chefs-d'œuvres. Les ressources même de l'*épinette* étaient si minimes que cet instrument n'a pu donner lieu à la création d'une école; son jeu, qui est resté pendant longtemps limité pour une seule main, ne s'est développé que plus tard et seulement lorsque quelques auteurs ont commencé à écrire de petits morceaux harmonisés pour les deux mains, et que l'on appellait *rondes*.

Le peu de musique que l'on ait écrit pour l'*épinette* était bien en rapport avec le petit nombre de personnes qui connaissaient cet instrument ; aussi les maîtres qui composaient ces *rondes* restaient-ils presque toujours les seuls exécutants privilégiés de leurs compositions, si l'on en excepte quelques dames de la haute société qui,. en les apprenant des auteurs eux-mêmes par une espèce de transmission routinière, devenaient ainsi les idoles des réunions d'élite où elles fesaient entendre ces nouveautés musicales.

La transformation de l'*épinette* en *clavecin* donna plus d'élan aux compositeurs et modifia ainsi le genre de musique qui fut mis en rapport avec la force et la vigueur du nouvel instrument. Une constitution supérieure, des cordes plus fortes, un mécanisme plus solide, un clavier plus étendu, des touches d'une résistance plus dure fournirent le moyen d'écrire beaucoup plus librement pour l'emploi des deux mains et d'obtenir ainsi des effets plus variés et plus sonores. Quelques auteurs commencèrent alors à écrire, pour le clavecin, des *rondeaux*, des *menuets*, des *périgordinos*, etc., petites pièces de musique qui, malgré leur peu d'ampleur, furent cependant très goûtées à cette époque, et dont quelques-unes ont encore aujourd'hui une certaine valeur incontestable. Bien qu'une école régulière de *clavecin* n'existât pas encore, les maîtres, pour former leurs élèves, suivaient cependant quelques principes d'une certaine régularité consistant à faire d'abord étudier des *rondes*, des *rondeaux*, des *menuets* et enfin des *fugues*, genre de musique qui, tout en ayant des formes scientifiques, était cependant lourde et sans expression.

Ce fut Emmanuel Bach qui, vers le milieu du dix-huitième siècle, fut le premier à développer la *fugue* en forme de morceau, à introduire la sonate, à faire paraître plusieurs recueils de petites pièces à l'usage des commençants, et à donner un *essai* sur la vraie manière de toucher le *clavecin*. Ces ouvrages, on le voit, tendaient à tracer une école, mais les bases principales n'étaient pas encore posées. Bientôt Negri, de Milan, trouve le doigté complet des gammes diatoniques, tandis que Pollini et Steibelt publient chacun une méthode dont le succès est universel. Enfin une nouvelle impulsion est donnée par Stein et Sébastien Érard à la fabrication des instruments, et le *clavecin*, subissant à son tour le sort de l'*épinette*, se voit abandonné pour laisser libre champ au règne du piano. Dès ce moment une école régulière se forma et l'on put voir une pléiade d'auteurs célèbres se succéder à l'envie dans la lice musicale dont la création du piano avait ouvert les barrières; chefs-d'œuvres sur chefs-d'œuvres ne tardent pas à voir le jour. Cramer publie des études qui suffiraient seules pour le rendre immortel, et enfin les génies que l'on appelle Hummel, Beethoven et Wéber, par leur genre grandiose, mélancolique, suave et brillant, viennent ensuite donner à la musique une impulsion et un élan qui est le comble de cette période. Louis Adam, s'inspirant de ces grandes compositions, résume dans une méthode sublime toute cette magnifique période, et enfin Litz et Thalberg enfantent ces magnifiques compositions qui donnent l'élan à une école nouvelle.

Au moment où Hérz et Kalbrenner que j'appellerai, l'un le Rossini et l'autre le Meyerbeer du piano, font paraître leurs méthodes Czerny et Bertini écrivent des études pour former le pianiste de première force. A la suite de cette brillante école, apparaissent Concone et Ravina avec leurs magnifiques études de genre, Goria et Fumagalli avec leurs brillants morceaux de concerts, Gambini et Prudent avec leurs fantaisies savantes et variées, Alary et Hünten avec leurs ravissantes mélodies, et toute une suite d'excellents auteurs dont les compositions innombrables suffisent pour satisfaire toutes les exigences du pianiste. Je nomme Chopin en dernier lieu, afin d'en parler séparément, attendu que ses écrits méritent une mention toute spéciale et doivent être regardés comme complément de l'école du pianiste ; on peut voir en effet que, pour bien interpréter les œuvres de cet auteur, il ne suffit pas d'être développé dans l'art de toucher le piano, mais il faut encore être harmoniste capable et musicien profond dans les connaissances de l'analyse, car, dans le cas contraire, les beautés de ces chefs-d'œuvres resteraient cachées et incomprises.

Le piano étant l'instrument qui se rapproche le plus de l'orchestre, peut, à lui seul, reproduire à la fois l'harmonie et la mélodie, et par conséquent, outre les grandes pièces de piano, il peut aussi faire goûter toutes les beautés des sublimes opéras écrits par nos grands maîtres. D'excellents auteurs tels que Paoletti, Burgmüller, Lecarpantier, Rummel, Reyer, Lemoine et tant d'autres, n'ont pas hésité à soumettre leurs talents à écrire de petites pièces pour servir, aux élèves, de délassement et d'encouragement dans leurs études, et à en faire ainsi disparaître l'aridité.

Les siècles, en se suivant, s'engloutissent peu à peu dans l'ombre du passé, et l'histoire seule nous reste pour transmettre, de génération en génération, l'état plus ou moins avancé de l'instruction, des sciences, des beaux-arts, ainsi que les noms des hommes célèbres qui les ont illustrés. Le dix-neuvième siècle que nous appelons avec raison le siècle des lumières aura à enregistrer, dans ses annales, non-seulement une foule de grands hommes, mais encore une infinité d'inventions et de découvertes utiles, telles que la télégraphie électrique, la sténographie, la photographie, le gaz, l'application de la vapeur dans tous les genres, ainsi qu'une multitude de perfectionnements apportés aux instruments de mécanisme ou de précision connus de nos devanciers. Il est vrai de dire que si ce siècle s'est jeté avec tant de rapidité dans la voie du progrès, c'est que les gouvernements ont su rapprocher les nations et leur inspirer ainsi une réciproque émulation au moyen de grandes expositions internationales, pour ce qui a trait aux industries manufacturières ou artistiques, et au moyen de sublimes associations, pour ce qui a trait aux opérations financières ou commerciales, comme aux productions littéraires, poétiques ou musicales ; de là n'a pas tardé à découler un mode d'instruction publique beaucoup plus communicatif et beaucoup plus rapide.

La musique n'a pas suivi l'impulsion générale, sous le rapport de l'enseignement, mais elle l'a devancée, sous celui de la production ; en effet, le génie de Rossini, éclatant tout d'un coup, renverse les formes anciennes pour en créer de nouvelles qui, par leur fraîcheur et leur coloris, impriment à la musique un sublime cachet de nouveauté. Avec la manière d'écrire de ce grand maître, l'harmonie, qui jusque là n'avait été employée que sous forme d'accompagnement, prit un nouvel essort, occupa sa véritable place, en se rendant maîtresse d'elle-même, produisit ainsi des effets d'orchestre inconnus jusqu'alors, et donna l'élan à une foule d'auteurs célèbres, tels que : Meyerbeer, Mercadante, Auber, Bellini, Halevy, Donizetti, Ambroise Thomas, Verdi, Félicien David, Pacini, Hérold, Ricci, Gunod, Petrella et tant d'autres compositeurs qui tous ont produit des chefs-d'œuvres.

L'enseignement musical, comme je l'ai dit plus haut, n'a pas marché en rapport avec l'enseignement littéraire, et il n'a même pas pu, jusqu'à nos jours, franchir la barrière qui le tient renfermé dans les formes antiques ; nous voyons, en effet, que dans les cours de piano ou de composition on conserve encore la vieille routine de nos pères. Je ne parlerai ici ni de l'harmonie ni de la composition, attendu que je traiterai ce sujet d'une manière plus explicite dans un ouvrage que je publierai incessamment, et je ne m'occuperai que de l'enseignement du piano.

En examinant avec soin toutes les méthodes anciennes ou modernes dont j'ai parlé au début de cet exposé, on est obligé de reconnaître qu'il existe entre elles une certaine liaison qui, en leur donnant un cachet de similitude, les maintient pour ainsi dire dans une ornière commune et les empêche de faire un cours de piano savant et rapide.

Quelques-unes de ces méthodes, en effet, ne contenant que les premières notions musicales et divers petits morceaux, ne servent qu'à amuser les enfants, tandis que quelques autres, n'offrant à l'étude que de grands et difficiles exercices, ne sont aptes qu'au développement du mécanisme; ce que j'avance là, je le tiens de l'expérience, car, dans ma longue carrière de professorat, j'ai eu des élèves à qui l'on avait déjà fait suivre ces petites méthodes, et qui, après plusieurs années d'étude, étaient tout au plus capables de jouer bien ou mal les récréations qu'ils avaient étudiées; tandis que d'autres, ayant déjà suivi les grandes méthodes, exécutaient à merveille de forts exercices de mécanisme et n'auraient cependant pas pu déchiffrer, tout seuls, une ligne de musique.

Il y avait donc un vice dans cette école, et ce vice je le pressentais déjà en étudiant moi-même le piano, car, monsieur Bodojra, mon professeur, me disait toujours *que je ne pouvais constater mes progrès que peu à peu, et même, seulement à la fin de chaque année;* cependant, à part moi, et tout en respectant son avis, je pensais: *et pourquoi ne devrait-on pas reconnaître ces progrès à chaque mois, à chaque semaine et même à chaque leçon?*

Je me creusais la tête, mais je n'en trouvais pas la raison, et ce ne fut qu'après avoir complètement achevé mes études d'harmonie et de composition que je parvins à découvrir le défaut; dès ce moment je m'aperçus que l'analyse seule était apte à former le musicien en lui donnant les connaissances nécessaires et indispensables pour l'étude du piano, tout en rendant cette école plus prompte et plus complète; de là me vînt l'idée de ma méthode qui, d'après les essais que j'en ai faits moi-même, formera un système d'enseignement beaucoup plus savant et immensement plus rapide.

Mon école de piano se divise en quatre degrés: le premier, pose les bases; le deuxième, sert à la préparation; le troisième, donne le développement, et enfin le quatrième, a trait au perfectionnement dans tous les genres.

Pour obtenir les prompts résultats qui sont infaillibles avec cette méthode, il est indispensable que le professeur suive les conseils que je donne ci-après, attendu que chaque degré doit avoir un mode différent d'enseignement.

ANALYSE DE MON ÉCOLE DE PIANO

PAR DEMANDES ET PAR RÉPONSES.

PREMIÈRE PARTIE.

Premier paragraphe.

Des notes, de leur nom, de leur position sur la portée et des clefs.

Dès que l'élève aura pris connaissance du premier paragraphe, le professeur l'interrogera de la manière suivante :

D. Comment appelle-t-on les caractères employés pour écrire la musique ?

R. Notes.

D. Combien y a-t-il de notes en musique, et quels sont leurs noms ?

R. Sept, savoir : Do, Re, Mi, Fa, Sol, La, Si.

D. Sur quoi pose-t-on ces notes ?

R. Sur la portée.

D. De quoi se compose la portée ?

R. De cinq lignes et de quatre interlignes.

D. Comment doit-on compter ces lignes et interlignes ?

R. On doit les compter en montant, en donnant le n° 1 à la première ligne du bas et ainsi de suite.

D. Comment appelle-t-on les lignes que l'on ajoute provisoirement soit en dessus soit en dessous de la portée ?

R. Lignes additionnelles supérieures ou inférieures, suivant leur position vis-à-vis de la portée.

D. A quoi servent les lignes additionnelles ?

R. A tenir lieu de nouvelles lignes et interlignes devant donner plus d'extension au placement de nouvelles notes.

D Combien de clefs y a-t-il en musique et comment les nomme-t-on ?

R. Il y a trois clefs, savoir : la clef de Sol, la clef de Fa et la clef de Do, ou d'Ut.

D. Quelles clefs emploie-t-on pour écrire la musique de
piano?

R. La clef de Sol et la clef de Fa.

D. A quoi servent les clefs en musique?

R. Elles servent de base pour fixer le nom des notes.

D. Comment déterminent-elles cette base?

R. En donnant leur nom à la note qui est posée sur la même
ligne qu'elles?

D. Sur quelle ligne se pose la clef de Sol?

R. Sur la deuxième ligne.

D. Sur quelle ligne se pose celle de Fa?

R. Sur la quatrième.

PREMIÈRE LEÇON.

Dès que l'élève prononcera avec facilité les sept notes de la
première ligne et qu'il les saura par cœur, le professeur lui
fera lire les quatre exercices de lecture ainsi que les deux
exercices pour la main droite; les notes de ces deux exercices
n'ayant plus leurs noms marqués, le professeur fera voir à
l'élève la note qui leur correspond dans les exercices de lecture, et il le questionnera de la manière suivante:

D. Comment s'appelle la note placée en troisième interligne
et en clef de Sol?

R. Do.

D. Sur la quatrième ligne et en dessus de Do?

R. Re.

D. En quatrième interligne et en dessus de Re?

R. Mi.

D. Sur la cinquième ligne et en dessus de Mi?

R. Fa.

D. En dessus de la portée et de Fa?

R. Sol.

Remarque. Le professeur fera lire en sens inverse, c'est-à-
dire en descendant.

D. Comment s'appelle la note placée en dessous de Sol ou
sur la cinquième ligne?

R. Fa.

D. En dessous de Fa ou en quatrième interligne ?
R. Mi.
D. En dessous de Mi ou en quatrième ligne ?
R. Re.
D. En dessous de Re ou en troisième interligne ?
R. Do.

Après avoir lu quatre ou cinq fois ces exercices, l'élève commencera dès lors à connaître les notes qui les composent; le professeur lui dira que les chiffres placés au-dessus ou au-dessous des notes correspondent aux cinq doigts de chaque main, et il lui fera dire les numéros suivants, en lui faisant lever les doigts savoir : n° 1, pour les deux pouces; 2, pour les deux index ; 3, pour les deux majeurs; 4, pour les deux annulaires, et 5, pour les deux auriculaires ; puis, il le placera au piano et lui fera prononcer le nom des notes qu'il jouera.

À la fin de la leçon, le professeur donnera pour devoir à son élève d'étudier le premier paragraphe, d'exécuter plusieurs fois les deux exercices pour la main droite, de prendre connaissance du deuxième paragraphe et de s'exercer à chercher le nom des notes du cinquième exercice de lecture.

Deuxième paragraphe.

De la valeur des notes et des silences correspondants.

Après avoir fait dire le nom des notes et des silences, suivant l'indication de la méthode, le professeur fera les demandes suivantes :

D. Combien de temps vaut la ronde, dans la mesure ?
R. Quatre temps.
D. Combien de temps vaut la blanche ?
R. Deux temps.
D. Combien de temps vaut la noire ?
R. Un temps.
D. Quelle est la valeur de la croche, dans la mesure ?
R. Un demi-temps.

D. Combien faut-il de croches à chaque temps?

R. Deux croches.

D. Quelle est la valeur de la double croche, dans la mesure?

R. Un quart de temps.

D. Combien faut-il de doubles croches à chaque temps?

R. Quatre.

D. Quelle est la valeur de la triple croche, dans la mesure?

R. La huitième partie d'un temps.

D. Combien faut-il de triples croches à chaque temps?

R. Huit.

D. Quelle est la valeur de la quadruple croche, dans la mesure?

R. La seizième partie d'un temps.

D. Combien faudra-t-il de quadruples croches à chaque temps?

R. Seize.

DEUXIÈME LEÇON.

Le professeur fera lire les exercices de lecture, numéros 5, 6 et 7; il fera répéter ensuite les numéros 1 et 2 de la main droite seule pour s'assurer qu'ils ont été bien étudiés; dans ce cas, il fera passer l'élève aux numéros 1 et 2 pour la main gauche, sans se soucier de lui faire faire les numéros 3 et 4; s'ils n'ont pas été bien compris, il devra les faire suivre tous les uns après les autres.

Le devoir de l'élève consistera à étudier les exercices pour les mains séparées, à continuer les exercices de lecture en clef de Sol, à prendre connaissance du troisième paragraphe et à lire l'exercice numéro 1, en clef de Fa.

—

Troisième paragraphe.

Du point simple, double et triple.

Le troisième paragraphe étant suffisamment expliqué dans la méthode je n'en ferai pas de questionnaire; le professeur n'aura qu'à montrer les valeurs des points en les comparant avec les diverses notes qui correspondent à ces valeurs.

TROISIÈME LEÇON.

Après avoir lu les exercices de lecture en clef de Fa, on fera dire l'exercice de mécanisme numéro 1, qui est à deux mains; l'élève travaillera d'abord les mains séparément, puis les mains ensemble, tout en continuant de nommer les notes.

A partir de cette leçon, le professeur doit veiller à ce que l'élève ne prenne aucune mauvaise habitude et que sa position au piano soit toujours conforme aux règles données dans la Méthode.

PREMIÈRE RÉCRÉATION (*rondes*).

D'abord les mains séparées, puis ensemble, en nommant toujours les notes. Le professeur recommandera à l'élève de ne compter le temps qu'à chaque accord qu'il exécutera lui-même.

PREMIER ÉTUDE (*rondes*).

En exécutant avec les mains ensemble, on doit nommer les notes par ordre ascendant, c'est-à-dire, en commençant par la plus basse jusqu'à la plus aigüe; les notes ne doivent être frappées que lorsque l'on a bien toutes les touches sous les doigts.

Quatrième paragraphe.

De la mesure.

Expliquez ce paragraphe tel qu'il se trouve dans la méthode, en ayant soin d'y revenir pendant plusieurs leçons, car il est difficile que l'élève puisse le saisir à la première explication.

QUATRIÈME LEÇON.

Après la lecture des quatre exercices, faites l'analyse de la valeur des rondes, des blanches et des silences correspondants à la mesure, ensuite faites exécuter l'exercice de mécanisme numéro 2, de la même manière que l'on a fait le numéro 1.

DEUXIÈME RÉCRÉATION (*blanches*).

Les blanches valent deux temps, les rondes quatre. Les mains séparées, puis ensemble et en comptant la mesure.

DEUXIÈME ÉTUDE (*blanches*).

Mêmes observations que pour la récréation.

—

Cinquième paragraphe.

De la gamme diatonique et des degrés conjoints et disjoints.

Afin que l'élève puisse se rendre bien compte de cette gamme ainsi que des degrés conjoints et disjoints, faites-les lui analyser sur le clavier.

CINQUIÈME LEÇON.

Après la lecture des quatre exercices, faites l'analyse de la valeur des noires et des silences correspondants à la mesure.

L'exercice de mécanisme numéro 3 sera étudié comme les deux précédents.

TROISIÈME RÉCRÉATION (*noires*).

Si l'élève est intelligent, on pourra, dès le commencement, lui faire exécuter cette récréation les mains ensemble, tout en exigeant qu'il nomme les notes; dans le cas contraire, il devra d'abord la jouer les mains séparément.

Remarque. Les noires valent un temps, par conséquent l'élève comptera un temps à chaque note qu'il exécutera.

TROISIÈME ÉTUDE (*blanches et noires*).

Cette étude présentera d'abord à l'élève une certaine difficulté, attendu que la main gauche change de position et de notes; par conséquent il faudra exécuter deux ou trois fois cette main seule, avant de mettre les mains ensemble, l'élève continuera de compter la mesure.

—

Sixième paragraphe.

Des accidents.

Ce paragraphe ne peut être compris à la première explication; le professeur devra donc y revenir jusqu'à ce que l'élève se rende bien compte de l'action des accidents sur le clavier.

SIXIÈME LEÇON.

Après la lecture des quatre exercices, on fera l'analyse de la valeur des croches et des silences correspondants à la mesure.

L'exercice de mécanisme, numéro 4 est d'une grande utilité, mais comme il est un peu difficile, l'élève pourra se dispenser de le prendre tout à la fois; il n'en étudiera qu'une ou deux reprises à chaque leçon.

QUATRIÈME RÉCRÉATION (*rondes, blanches et noires*).

Les deux mains changent de position; travaillez séparément avant de les mettre ensemble.

QUATRIÈME ÉTUDE (*blanches et noires*).

D'abord les mains séparées, puis ensemble et en comptant la mesure; observez bien la demi-pause de la main droite, levez le doigt et abandonnez la touche à la fin du deuxième temps, sans perdre la position.

—

Septième paragraphe.

Des modes.

Le professeur n'insistera pas trop sur ce paragraphe, car l'élève ne s'en rendra bien compte que lorsqu'il sera arrivé à l'étude des gammes. En lui parlant de la *règle générale* on devra noter l'*erratum* qui se trouve à la fin de la première partie de la méthode.

SEPTIÈME LEÇON.

Après la lecture des deux exercices, faites l'analyse de la valeur des doubles croches et des silences correspondants à la mesure. Quant aux exercices de mécanisme numéros 5, 6 et 7, c'est au professeur de juger, suivant l'intelligence de l'élève, s'il doit les faire étudier tous ou s'il suffit d'un seul.

CINQUIÈME RÉCRÉATION (*blanches, noires et croches*).

Le professeur fera répéter cette récréation jusqu'à ce que l'élève sente bien et exécute parfaitement les différentes valeurs des notes.

CINQUIÈME ÉTUDE (*croches à la main droite*).

On veillera à ce que l'élève ait un mouvement régulier et égal dans l'exécution des croches.

—

Ihuitième paragraphe.

Du ton.

Ainsi que le paragraphe précédent, celui-ci ne sera bien compris par l'élève que lorsqu'il étudiera les gammes et qu'il fera l'analyse tonale et modale des morceaux de la deuxième partie ; le professeur n'insistera donc pas trop pour le moment, mais il aura soin d'y revenir en temps opportun.

HUITIÈME LEÇON.

Après la lecture des deux exercices, faites l'analyse de la valeur des triples croches et des silences correspondants à la mesure.

L'exercice numéro 1, pour parcourir le clavier, doit être étudié d'abord les mains séparément, puis les deux mains ensemble.

Il est rare que cet exercice soit bien exécuté par les élèves, à cause de la disparité de la valeur des notes ; pour obtenir une exécution parfaite, comptez à raison de huit croches par mesure jusqu'à ce que l'élève soit parvenu à une certaine vélocité, et tenez toujours bien les blanches pour les quatre dernières croches.

SIXIÈME RÉCRÉATION (*noires et croches*).

Veillez d'une manière toute spéciale à la régularité de la mesure, attendu que d'ordinaire, après avoir exécuté des croches, l'élève presse le mouvement dans une mesure en noires.

SIXIÈME ÉTUDE (*croches à la main gauche*).

La main gauche ayant toujours un peu plus de raideur que la main droite, il faudra travailler cette étude jusqu'à ce que l'on soit parvenu à l'exécuter avec force, netteté et précision.

PREMIER DÉLASSEMENT AUX ÉTUDES.

On ne doit pas abandonner le cours des leçons pour apprendre ce morceau, car ce serait une perte de temps inutile; on le déchiffrera, puis on aura soin de le répéter à chaque leçon jusqu'à ce qu'il soit bien rendu.

Neuvième paragraphe.

Des demi-tons et de la gamme chromatique.

Faites voir à l'élève les demi-tons sur le clavier, et dès lors il les comprendra sans aucune difficulté.

NEUVIÈME LEÇON.

Après la lecture des deux exercices, on fera l'analyse de la valeur des quadruples croches et des silences correspondants à la mesure.

Dans l'exercice numéro 2, pour parcourir le clavier, il faudra conserver une grande égalité dans la force des sons, et rapprocher les doigts assez à propos pour n'être pas obligé d'interrompre le mouvement.

PRÉLUDE EN *La* MINEUR.

Tous les petits préludes contenus dans la première partie servent à exercer l'élève aux changements de position, ainsi qu'à l'application des accidents. Celui-ci, qui est en La mineur, ne sert qu'au changement de position.

SEPTIÈME RÉCRÉATION.

L'élève observera le soupir placé après chaque phrase ; il donnera un mouvement précis à l'exécution et fera attention au changement qui s'opère dans les quatre dernières mesures ; ce changement se rapproche à la sixte, au lieu d'être à l'octave.

SEPTIÈME ÉTUDE.

Observez le Sol dièze à la main gauche et conservez une parfaite régularité dans le mouvement de la mesure.

Dixième paragraphe.
Mélodie, harmonie et notation.

Ce paragraphe ne contient que de simples définitions, vû que je n'entends pas traiter ici de l'harmonie ; il faudra cependant étudier ces définitions, afin d'acquérir une petite notion de ce genre d'étude.

DIXIÈME LEÇON.

Après la lecture des deux exercices, on fera l'analyse du point simple.

Dans l'exercice numéro 3, servant à dévélopper le mécanisme ainsi qu'à parcourir le clavier, on devra bien faire la distinction du changement de mouvement entre les doubles croches et celui des croches simples.

PRÉLUDE EN *Sol* MAJEUR.

Ce prélude habitue l'élève à l'exécution du Fa dièze posé à la clef, ainsi qu'au changement de position.

HUITIÈME RÉCRÉATION.

Le but de cette récréation est d'apprendre à exécuter le point après la blanche.

HUITIÈME ÉTUDE.

Même but que la récréation ; articulez bien l'accompagnement de la main gauche.

Onzième paragraphe.

Des notes surabondantes, de la syncope et du point d'orgue.

Ce paragraphe, développé dans la méthode pour les explications, trouvera son application complète dans la deuxième partie.

ONZIÈME LEÇON.

Après la lecture des trois exercices, on fera l'analyse concernant le point double et triple.

L'exercice de mécanisme, numéro 4, sert à régulariser la force des doigts.

PRÉLUDE EN MI MINEUR.

Observez le Fa dièze posé à la clef, le Re dièze accidentel, ainsi que la première et deuxième fois de la reprise.

NEUVIÈME RÉCRÉATION.

Dans cette récréation on apprendra à exécuter le point après la noire.

NEUVIÈME ÉTUDE.

Même but que la récréation ; mettez de l'égalité dans la force des doigts de la main gauche, afin d'obtenir les accords complets.

DEUXIÈME DÉLASSEMENT AUX ÉTUDES.

Le deuxième délassement aux études doit être travaillé suivant les indications contenues dans la méthode.

Douzième paragraphe.

De la liaison, de la ponctuation, de la reprise et autres signes de convention.

Je ne parlerai pas de ce paragraphe, attendu que toutes les explications ou exemples nécessaires sont développés dans la méthode.

DOUZIÈME LEÇON.

Ces quatre exercices de lecture seront analysés sous le rapport de la mesure, et le professeur fera les interrogations suivantes :

D. De quelle espèce de mesure est le numéro 25 ?

R. De l'espèce à quatre temps.

D. Est-ce une mesure simple ou composée ?

R. Mesure simple.

D. De quelle espèce de mesure est le numéro 26 ?

R De l'espèce à quatre temps.

D. Comment appelle-t-on cette mesure ?

R. Douze-huit.

D. Est-elle simple ou composée ?

R Composée.

D. Que signifie dans la mesure le terme composé ?

R. Ce mot signifie qu'au lieu de deux notes employées à chaque temps dans la mesure simple, on doit en employer trois dans la mesure composée.

D. De combien de croches sera composée cette mesure.

R. De douze croches au lieu de huit, nombre employé dans la mesure simple à quatre temps.

D. Combien de croches à chaque temps ?

R. Trois.

D. Les trois croches de chaque temps deviennent-elles ainsi des triolets ?

R. Non.

D. Pourquoi ?

R. Parce que le triolet appartenant aux notes surabondantes ne constitue pas une obligation d'avoir trois croches dans un temps, tandis qu'ici ces notes sont obligatoires.

D. De quelle espèce de mesure est le n° 27 ?

R. De l'espèce à trois temps.

D. Comment s'appelle cette mesure ?

R. A trois-quatre.

D. Est-elle simple ou composée ?

R. Simple.

D. De quelle espèce de mesure est le n° 28 ?

R. De l'espèce à trois temps.

D. Comment s'appelle cette mesure?

R. A neuf-huit.

D. Est-elle simple ou composée?

R. Composée.

D. Comment est-elle composée?

R. De neuf croches au lieu de huit, nombre de croches contenues dans la mesure simple à quatre temps.

D. Combien de croches à chaque temps?

R. Trois croches.

Remarque. On expliquera à l'élève la proposition suivante:

La mesure à neuf-huit est à celle à trois-quatre, comme la mesure à douze-huit est à celle à quatre temps.

L'exercice de mécanisme n° 5 habitue l'élève aux passages en tierces et sixtes, avec première note tenue à chaque temps.

PRÉLUDE EN *Ré* MAJEUR.

Ce prélude sert à familiariser l'élève avec le Fa et le Do dièzes posés à la clef.

DIXIÈME RÉCRÉATION.

Cette récréation qui a le Sol dièze accidentel exerce l'élève à la mesure à trois temps, ainsi qu'au mélange de la mélodie et de l'harmonie pour la main gauche.

DIXIÈME ÉTUDE.

Le but de cette étude est de faire ressortir la basse et l'accompagnement exécutés par la main gauche.

Treizième paragraphe.

Des abréviations et du trémolo.

Les explications et les exemples contenus dans la méthode suffisent pour donner la connaissance de ces deux genres.

TREIZIÈME LEÇON.

Les six exercices de lecture suivants seront analysés sous le rapport de la mesure, et le professeur fera les interrogations suivantes:

D. De quelle espèce de mesure est le n° 29?

R. Mesure à trois temps.

D. Comment s'appelle cette mesure?

R. Mesure à trois-huit.

D. Est-elle simple ou composée ?

R. Simple.

D. Que signifie trois-huit ?

R. Trois croches au lieu de huit, nombre de croches cont-
nues dans la mesure simple à quatre temps.

D. De quelle espèce de mesure est le numéro 30?

R. Mesure à trois temps.

D. Comment s'appelle cette mesure ?

R. Neuf-seize.

D. Est-elle simple ou composée ?

R. Composée.

D. Comment est-elle composée ?

R. De neuf doubles croches, savoir : trois à chaque temps.

D. De quelle espèce de mesure est le numéro 31 ?

R. Mesure à deux temps.

D. Comment s'appelle cette mesure?

R. Mesure à deux-quatre.

D. Est-elle simple ou composée ?

R. Simple.

D. De quelle espèce de mesure est le numéro 32?

R. Mesure à deux temps.

D. Comment s'appelle cette mesure ?

R. Mesure à six-huit.

D. Est-elle simple ou composée ?

R. Composée.

D. Comment est-elle composée ?

R. De six croches, savoir : trois à chaque temps.

D. Pourquoi, dans les temps larges, la mesure à six-huit se
divise-t-elle à six temps ?

R. Pour le même motif que l'on divise en quatre temps la
mesure à deux-quatre.

D. Quel est ce double motif ?

R. C'est afin de mieux saisir le mouvement rythmique de la
mesure.

D. De quelle espèce de mesure est le numéro 33 ?

R. Cette mesure que l'on écrit à quatre temps et que l'on
exécute à deux temps s'appelle mesure à la brève.

D. Est-elle simple ou composée ?

R. Simple.

D. De quelle espèce de mesure est le numéro 34 ?

R. Mesure à six-quatre.

D. Est-elle simple ou composée ?

R. Composée.

D. Comment est-elle composée ?

R. De six noires au lieu de quatre, nombre de noires contenues dans la mesure simple à quatre temps.

D. Comment se divise cette mesure dans l'exécution ?

R. Elle se divise à six temps, dans les mouvements lents, et à deux temps, dans les mouvements rapides.

L'exercice de mécanisme n° 6 est apte à faire prendre aux doigts la position pour les passages en tierces et sixtes, ainsi qu'à resserrer les doigts pour les ramener aux positions suivantes.

PRÉLUDE EN *Si* MINEUR.

Dans ce prélude on apprend l'exécution de la mesure à deux temps ou deux-quatre ; observez le La dièze aux deux mains.

ONZIÈME RÉCRÉATION.

Observez le point après la croche.

ONZIÈME ÉTUDE.

Cette étude est pour observer le demi-soupir et exécuter les réponses ou contre-temps.

Quatorzième paragraphe.

Des accords arpégés et brisés.

Ce paragraphe contient, dans la méthode même, les explications et les exemples nécessaires.

QUATORZIÈME LEÇON.

PRÉLUDE EN *Fa* MAJEUR.

Ce prélude habitue l'élève à l'exécution du Si bémol posé à la clef et au changement de position.

DOUZIÈME RÉCRÉATION.

Cette récréation exercera l'élève à l'exécution de la mesure à trois-huit.

DOUZIÈME ÉTUDE.

On soutiendra la note liée sans la répéter et on exprimera le *cantabile* avec goût, tout en faisant une harmonie compacte à la main gauche.

Le professeur expliquera la petite note, et la fera répéter jusqu'à ce que l'élève aie bien compris son exécution.

Quinzième paragraphe.
Des notes d'agrément.

Expliquez les notes d'agrément, et faites-en voir les exemples; quant à l'exécution, on l'apprendra dans le cours de la deuxième partie.

QUINZIÈME LEÇON.

L'exercice de mécanisme n° 7 est destiné à donner de la force au quatrième doigt. En général, les doigts des élèves se crispent en travaillant cet exercice; le professeur veillera donc à ce que ce défaut disparaisse.

PRÉLUDE EN *Re* MINEUR.

Ce prélude prépare l'élève aux changements de positions et aux écarts des doigts.

TREIZIÈME RÉCRÉATION.

Cette récréation habituera l'élève aux différentes nuances; le professeur insistera sur la bonne exécution des notes aspirées ou pointées, ainsi que sur celle du *rinforzando*, du *piano* et du *forte*.

TREIZIÈME ÉTUDE.

Le but de cette étude est d'apprendre à diviser la mesure à six-huit, en la jouant d'abord à six temps, puis à deux temps; elle sert aussi à exercer la main gauche aux accords arpégés.

Seizième paragraphe.
Du rythme et des pédales

Ces explications trouvent leur complément dans le courant des deuxième, troisième et quatrième parties.

SEIZIÈME LEÇON.

L'exercice de mécanisme n° 8 donne à la main une forme arrondie dans l'exécution, et augmente la force du quatrième doigt.

PRÉLUDE EN *Si* BÉMOL MAJEUR.

Ce prélude familiarisera l'élève avec le Si et le Mi bémols posés à la clef, ainsi qu'avec le point après la noire et la croche. Son exécution doit être bien rythmée.

QUATORZIÈME RÉCRÉATION.

Chantez bien sur l'instrument, tirez un beau son et observez les *piano*, les *forte*, ainsi que les reprises.

QUATORZIÈME ÉTUDE.

Cette étude, dans son exécution, doit avoir un genre tout martial, comme l'indique le terme placé en tête du morceau, et elle sert à donner un coloris différent à chaque phrase.

—

Dix-septième paragraphe.

Des termes usités pour indiquer le mouvement et l'expression.

Il est bon que l'élève connaisse ces différents termes, et qu'il s'applique surtout à en sentir toute la valeur, car il s'agit moins ici du mouvement régulier que du goût à apporter dans l'exécution. En effet, au moyen du métronome on obtient la régularité et la précision des mouvements, tandis qu'il n'y a que l'âme et le goût qui puissent rendre l'expression.

DIX-SEPTIÈME LEÇON.

PRÉLUDE EN *Sol* MINEUR.

Avec ce prélude l'élève apprendra les mouvements droits et contraires.

QUINZIÈME RÉCRÉATION.

On jouera cette récréation à six temps, toujours *moderato*, et on s'appliquera à faire ressortir les nuances.

QUINZIÈME ÉTUDE.

Cette étude donnera de l'égalité aux accords de la main gauche, habituera à tenir la note de la basse ainsi qu'à sentir la précision de la mesure.

TROISIÈME DÉLASSEMENT AUX ÉTUDES.

Après avoir étudié ce morceau comme simple récréation, l'élève qui aura du goût pour la musique vocale pourra le chanter en même temps qu'il le jouera. Le quatrième, ainsi que le cinquième délassements doivent être étudiés conjointement avec les exercices préparatoires aux gammes de la deuxième partie.

Fin de la première partie.

DEUXIÈME PARTIE.

—

DIX-HUITIÈME LEÇON.

Après avoir vu consciencieusement la première partie, l'élève doit avoir acquis une bonne position au piano ainsi qu'une connaissance parfaite de la théorie et des signes de toutes sortes; il devra donc être prêt à en faire l'application dans cette deuxième partie.

Les exercices préparatoires aux gammes seront travaillés jusqu'à ce que le passage du pouce se fasse librement et sans secousse, après quoi, l'on étudiera la gamme et les trois positions d'arpèges suivant les indications de la méthode.

EXERCICE.

L'exercice de mécanisme nº 9 a trait à l'exécution de l'aspiré. (Voyez l'article sur l'aspiré, pag. 82).

SEIZIÈME ÉTUDE.

D. Quel est le but de cette étude?

R. D'apprendre à exécuter le lié.

D. Comment exécute-t-on le lié?

R. En faisant suivre les notes sans aucune interruption pendant toute l'extension du signe.

D. Dans quel ton est cette étude?

R. Dans le ton de Do, mode majeur.

D. Pourquoi en mode majeur.

R. Parce que il y a une tierce majeure de Do à Mi naturel.

D. Pourquoi la quinzième et la seizième mesures sont-elles en sol?

R. Parce que le Fa dièze, note sensible du ton de Sol, se trouve à la quinzième mesure et qu'à la seizième la basse conclue son accord dans ce ton.

D. Pourquoi la première mesure de la deuxième partie retourne-t-elle dans le ton de Do?

R. Parce qu'il n'y a plus de Fa dièze.

N. B. Le professeur, en donnant sa leçon, ne fera plus déchiffrer désormais que la première partie de l'étude, et il exigéra que l'élève déchiffre tout seul la deuxième partie; de cette manière il pourra s'assurer si le but de l'étude a été bien compris; aucune leçon ne doit être quittée définitivement sans que l'élève la joue correctement.

DIX-NEUVIÈME LEÇON.

Après avoir fait la gamme et les arpéges, on passera à l'exercice n° 10. Cet exercice deviendra très-facile à exécuter pourvu que l'on ait soin de lever promptement les doigts après avoir frappé la touche; tout passage qui réclame le changement de doigt sur la même touche doit être exécuté *pointé*.

DIX-SEPTIÈME ÉTUDE.

D. Quel est le but de cette étude?

. D'apprendre à exécuter le détaché.

D. Comment s'exécute le détaché.

R. En frappant la note avec légèreté et en ne la tenant que la moitié de sa valeur.

D. Doit-on exécuter cette étude toujours *détachée?*

R. Non ; on doit observer à la main droite le détaché, l'aspiré et le *rinforzando*, tandis que la main gauche exécute continuellement le détaché.

D. Dans quel ton est cette étude ?

R. Dans le ton de La, mode mineur, relatif de Do majeur.

D. Pourquoi dans le ton de La, mode mineur ?

R. Parce que de La à Do il y a une tierce mineure, et que le Sol dièze, note sensible du ton de La, se trouve aux mesures n° 4, 5, 6 et 7 de la première partie.

D. Pourquoi cette étude passe-t-elle en ton de Mi mineur à la onzième mesure ?

R. Parce que il y a le Fa dièze.

D. Le Fa dièze ne constitue-t-il pas le ton de Sol majeur ?

R. Oui, mais il constitue aussi le ton de Mi mineur qui est son relatif ; cependant ce n'est qu'à la douzième mesure que l'on est certain d'être en Mi mineur.

D. Pourquoi cela ?

R. Parce que l'on trouve, à la main gauche, d'abord la tierce mineure Mi-Sol, et qu'ensuite à la quatorzième mesure l'on a le Re dièze, note sensible du ton de Mi.

—

VINGTIÈME LEÇON.

Travaillez la gamme et les arpéges ; l'exercice n° 11 sera exécuté dans les mêmes conditions que le n° 10.

DIX-HUITIÈME ÉTUDE.

Après avoir lu l'article sur la *petite note,* le professeur fera les interrogations suivantes :

D. Combien y a-t-il de sortes de petites notes?

R. Deux : la brisée et la longue.

D. Comment appelle-t-on les petites notes qui se trouvent dans cette étude ?

R. Petites notes brisées.

D. Dans quel ton est cette étude?

R. Dans le ton de Sol, mode majeur?

D. Pourquoi est-elle en Sol, mode majeur?

R. Parce qu'il y a le Fa dièze à la clef et que la tierce majeure de Sol est établie par le Si naturel.

D. Pourquoi, à la huitième mesure, passe-t-on en Re majeur?

R. Parce que l'on y rencontre le Do dièze, note sensible du ton de Re, et qu'à la neuvième mesure la période se conclue par la note de la basse Re, avec Fa dièze tierce majeure.

D. Mais puisque dans la première et dans la deuxième mesure de ce morceau il y a aussi le Do Dièze, pourquoi ne passe-t-on dans le ton de Re?

R. Parce que ces notes-là ne sont que des altérations pour embellir la mélodie.

D. Comment distingue-t-on les notes harmoniques réelles des altérations passagères?

R. Lorsque l'altération se produit dans l'harmonie ou accompagnement, il s'opère un changement de tonalité ou de modalité, mais quand ces notes ne se trouvent que dans la mélodie, sans être réproduites à l'accompagnement, elles ne sont alors que de simples altérations ou notes de passage.

D. Pourquoi la première et la deuxième mesure de la deuxième partie sont-elles en La mineur?

R. Parce qu'à la première et à la deuxième mesure la main gauche a le Sol dièze, note sensible de La et Do naturel, tierce mineure.

D. Pourquoi, à la troisième mesure, retourne-t-on en Sol majeur?

R. Parce que la main gauche a le Fa dièze, note sensible de Sol.

VINGT-ET-UNIÈME LEÇON.

Travaillez la gamme et les trois positions d'arpéges; l'exercice de mécanisme n° 12 sera étudié avec les mêmes observations que les n°s 10 et 11.

DIX-NEUVIÈME ÉTUDE.

D. Quel est le but de cette étude?

R. D'apprendre à exécuter les passages en tierces et en sixtes.

D. Dans quel ton est cette étude?

R. En Mi mineur, relatif de Sol majeur.

D. Le La dièze qui se trouve à la septième mesure fait-il subir à ce morceau un changement de ton?

R. Ce La dièze semble conduire dans le ton de Si, avec tierce majeure, mais vu que l'on revient directement au ton primitif de Mi mineur, ce passage ne doit être considéré que comme un accord de sixte excédente servant de repos sur la quinte du ton.

D. Pourquoi passe-t-on en Sol majeur dans les premières mesures de la deuxième partie?

R. Parce que la basse Sol a le Si naturel pour tierce majeure.

D. Pourquoi passe-t-on en La mineur dans la dixième mesure?

R. Parce que le Sol dièze, note sensible de La, se trouve à la main gauche, et que l'on a un accord en La, avec tierce mineure à la douzième mesure.

D. Comment se fait-il que la treizième mesure soit dans le ton de Sol majeur, malgré que toutes les notes contenues dans cette mesure fassent partie de l'accord de La mineur?

R. Le Do de la main gauche doit être considérée ici comme quarte du ton servant de préparation à la mesure suivante qui indique avec précision la tonalité de Sol majeur.

—

VINGT-DEUXIÈME LEÇON.

Travaillez la gamme et les arpéges; l'exercice de mécanisme n° 13 sera étudié d'abord les mains séparées, puis ensemble, en ayant soin que l'élève l'exécute avec beaucoup de légèreté.

VINGTIÈME ÉTUDE.

D. Quel est le but de cette étude?

R. D'apprendre à exécuter le mordant ou mordante.

D. De quoi se compose le mordant ou mordante?

R. De deux notes.

D. De combien de manières marque-t-on ces notes?

R. De deux manières: la première consiste à les écrire, et la seconde consiste à les indiquer par le signe ⁀.

D. Comment exécute-t-on ces deux notes?

R. Par un mouvement rapide et en prenant leur valeur sur la note même qui porte le signe.

D. Dans quel ton est cette étude?

R. En Re majeur.

D. Pourquoi la septième mesure passe-t-elle en La majeur?

R. Pour deux raisons: 1° à cause du Sol dièze, note sensible de La, et 2° parce que la période fait, à la huitième mesure, une conclusion en La, avec Do dièze, tierce majeure.

D. Pourquoi le ton est-il de nouveau en Re à la première mesure de la deuxième partie?

R. Parce que n'y a plus de dièze accidentel.

D. Pourquoi est-on en Mi mineur dans la cinquième mesure de la deuxième partie?

R. Parce que la main gauche a le Re dièze et que, dans son accord Mi Sol naturel, la tierce est mineure.

D. Pourquoi ce ton revient-il en Re à la septième mesure?

R. Parce qu'il n'y a plus de note altérée.

—

VINGT-TROISIÈME LEÇON.

Après avoir fait la gamme et les arpéges, on prendra l'exercice de mécanisme n° 14. Cet exercice deviendra très-facile à étudier si l'on a soin de maintenir les doigts dans une étendue fixe et les bras toujours flexibles.

VINGT-ET-UNIÈME ÉTUDE.

D. Quel est le but de cette étude?

R. D'apprendre l'exécution du triolet et le changement de doigts sur la même touche.

D. Dans quel ton est cette étude?

R. En Si mineur, relatif de Re majeur.

D. Le Mi dièze de la main gauche, quatrième mesure, fait-il
passer le morceau en Fa dièze?

R Ce Mi dièze constitue vraiment le ton de Fa dièze, mais
comme la mesure suivante ne continue pas cette. tonalité, on doit considérer cette modulation comme passagère et comme une simple pose sur la quinte du
ton.

D. Pourquoi la septième mesure passe-t-elle en Re majeur?

R. Parce que le La est naturel à la septième mesure, et
que la période à la huitième mesure fait sa conclusion
en Re, avec Fa dièze, tierce majeure.

D. Pourquoi la première mesure de la deuxième partie
est-elle en Si mineur?

R. A cause du La dièze.

D. Pourquoi en Re, à la troisième mesure?

R. Parce que le La est naturel.

D. Pourquoi en Si mineur, à la cinquième mesure?

R. A cause du La dièze.

VINGT-QUATRIÈME LEÇON.

Travaillez la gamme et les trois positions d'arpéges; dans
l'exercice n° 15, sixtes aspirées, on devra appuyer sur la
première note afin de faire mieux ressortir la faiblesse de
la seconde.

VINGT-DEUXIÈME ÉTUDE.

Cette étude, à six-huit, habituera l'élève à bien sentir
cette même mesure divisée à deux temps; elle servira aussi
à lui donner connaissance de l'exécution du genre brillant.

D. Dans quel ton est cette étude?

R. En La majeur.

D. Le La dièze de la sixième mesure fait-il passer l'étude
dans le ton de Mi?

R. Ce La dièze n'est qu'une quarte altérée qui doit produire
l'accord de septième diminuée; mais la tonalité de Mi
majeur n'est véritablement établie qu'à la septième
mesure, tant par le Mi et le Sol dièze, dans l'accompagnement, que par le Re dièze.

D. Pourquoi la première mesure de la deuxième partie est-elle de nouveau en La majeur?

R. Parce qu'il n'y a plus de dièze accidentel.

Observation. L'élève comptera la mesure à six temps jusqu'à ce qu'il sache bien le morceau; puis il le jouera en comptant à deux temps. Observez les notes liées à la main droite, et gardez les tenues à la main gauche.

VINGT-CINQUIÈME LEÇON.

Après la gamme et les trois positions d'arpéges, l'élève travaillera l'exercice numéro 16 avec beaucoup d'égalité.

VINGT-TROISIÈME ÉTUDE.

Le professeur expliquera l'article qui se trouve en tête de l'étude, puis il fera les interrogations suivantes:

D. Dans quel ton est cette étude?

R. En Fa dièze mineur, relatif de La majeur.

D. Pourquoi passe-t-elle en La majeur à la cinquième mesure?

R. A cette cinquième mesure, l'accord sur la quarte n'assure pas la modalité, car il pourrait tout aussi bien appartenir au ton de Fa dièze mineur; le Mi naturel de la sixième mesure établit seul et positivement le ton de La majeur, tout comme le Mi dièze de la neuvième rétablit le ton de Fa dièze mineur.

D. Pourquoi la dixième mesure est-elle en Re majeur?

R. A cause du Mi et du Sol naturels établis par le bécarre.

D. Le Si dièze de la main gauche, vingtième mesure, appartient-il à la tonalité de Fa dièze mineur?

R Ce Si dièze n'est qu'une quarte altérée, et ce n'est qu'à la vingt-et-unième mesure que le ton de Fa dièze est bien établi.

VINGT-SIXIÈME LEÇON.

Travaillez la gamme et les trois positions d'arpéges; puis, en étudiant l'exercice numéro 17. ayez soin de marquer et de tenir les blanches, tout en exécutant les doubles croches avec beaucoup de légèreté et d'égalité.   3

VINGT-QUATRIÈME ÉTUDE.

D. Dans quel ton est cette étude?

R. En Mi majeur.

D. Quel en est le but?

R. D'apprendre à exécuter le *groupetto* ou brisé.

D. De combien de notes se compose le *groupetto* ou brisé?

R. De trois notes et souvent même de quatre.

D. Comment peut-on connaître s'il est de trois notes ou bien de quatre, puisqu'il est invariablement marqué par le signe ∼ ?

R. La valeur du *groupetto* est empruntée sur la note qui porte le signe. Cette valeur ne sera que de trois notes lorsqu'on la prendra sur la première partie de la note, puisque la quatrième sera alors la note écrite, mais elle devra être de quatre notes quand on prendra cette valeur sur la deuxième partie.

D. Dans cette étude, le *groupetto* est-il de trois notes ou de quatre?

R. De quatre notes, suivant l'indication des deux premières mesures.

D. Comment s'exécute le *groupetto* de quatre notes?

R. 1° Par une note supérieure à celle qui porte le signe; 2° par celle qui porte le signe; 3' par une note au-dessous, presque toujours d'un demi-ton, et 4° par la note qui porte le signe.

D Comment doit-on exécuter le brisé, ou *groupetto* de trois notes?

R. En le commençant toujours par une note en dessus ou en dessous de celle qui porte le signe.

D Comment doit-on appliquer les accidents que l'on place en dessus ou en dessous du *groupetto*?

R Les accidents qui sont placés en dessus du *goupetto* s'appliquent à la note supérieure, à celle qui porte le signe, et ceux qui sont placés en dessous, à la note inférieure.

D. Dans quel ton est cette étude?

R. En Mi majeur.

D. Pourquoi l'analyse de la sixième mesure annonce-t-elle le ton de Si majeur, tandis que l'on y rencontre l'accord de Do dièze mineur?

R. Parce que la mesure précédente n'ayant pas eu de Si dièze, la modalité de Do dièze ne s'est pas constituée, de sorte que cet accord n'est qu'une transition pour préparer l'accord sur la quinte du ton de Si majeur.

VINGT-SEPTIÈME LEÇON.

Travaillez la gamme et les trois positions d'arpéges; étudiez ensuite l'exercice numéro 18, en ayant soin de tenir les noires et de bien lever les doigts qui exécutent les doubles croches.

VINGT-CINQUIÈME ÉTUDE.

D. Quel est le but de cette étude?

R. D'apprendre à croiser les mains.

D. Dans quel ton est-elle?

R. En Do dièze mineur, relatif de Mi majeur.

D. Pourquoi la deuxième partie passe-t-elle en Mi majeur?

R. Parce que le Si est naturel et qu'aucune note n'est altérée.

D. Comment s'opère, à la neuvième mesure de la deuxième partie, le retour du ton de Do dièze mineur?

R. Par le retour du Si dièze.

SIXIÈME DÉLASSEMENT AUX ÉTUDES.

Pour faire ressortir tout le brillant de ce morceau on devra l'exécuter avec beaucoup de goût.

D. Pourquoi passe-t-on en La mineur à la dix-neuvième mesure?

R. Parce que l'on y rencontre le Sol dièze, et que la phrase, à la vingt-deuxième mesure, se termine en La avec Do naturel, tierce mineure.

D. Pourquoi dans les deux premières mesures de la reprise, l'analyse marque-t-elle le ton de Ré, tandis que le morceau semble passer en La majeur?

R. Parce que le Sol dièze à la main droite et le Si bémol à la main gauche constituent un accord de sixte excédente; aussi ces notes n'ont-elles leur solution que sur la quinte du ton et non sur la première; par conséquent cette phrase qui détermine la symétrie pour la suivante doit être considérée comme une modulation passagère.

VINGT-HUITIÈME LEÇON.

Après avoir étudié la gamme et les trois positions d'arpéges, on exécutera l'exercice numéro 19 avec les mêmes observations que le numéro 18.

VINGT-SIXIÈME ÉTUDE.

D. Quel est le but de cette étude?

R. Le but de cette étude est d'apprendre à exécuter le mordent avec grâce, ainsi qu'à faire un accompagnement arpégé à la main gauche; elle exerce aussi l'élève aux passages de tierces.

D. Dans quel ton est-elle?

R. Dans le ton de Si majeur, pendant toute sa durée.

—

VINGT-NEUVIÈME LEÇON.

Après avoir travaillé la gamme et les trois positions d'arpéges, on exécutera l'exercice numéro 20, en ayant soin de bien tenir les noires.

VINGT-SEPTIÈME ÉTUDE.

Cette étude est d'une grande utilité, et cependant elle n'est pas très-goûtée par les élèves qui ordinairement la trouvent difficile. Le professeur devra donc la faire étudier jusqu'à ce qu'elle soit bien rendue, en ayant soin de simplifier les passages d'octaves, à la main gauche, pour les élèves qui ne peuvent y atteindre.

D. Quel est le but de cette étude?

R. D'apprendre à exécuter les accords en réponses ou contre temps.

D. Dans quel ton est-elle?

R. En Sol dièze mineur, relatif de Si majeur.

D. Pourquoi passe-t-on en Si majeur à la neuvième mesure?

R. Parce que le Fa n'est pas double dièze.

D. Qu'indiquent les deux Mi dièzes, à la main gauche, qui se trouvent renfermés dans cette période?

R. Ces deux Mi dièzes ne sont que de simples altérations, et ne font subir de changement ni à la tonalité ni à la modalité.

D. Pourquoi passe-t-on en Do dièze mineur à la vingt-quatrième mesure?

R. Parce que le Si dièze passant au Do dièze tient lieu de
note sensible.

—

TRENTIÈME LEÇON.

Après avoir étudié la gamme et les trois positions d'arpéges on passera à l'exercice numéro 21, en ayant soin de
tenir les blanches et de bien mouvoir les doigts qui exécutent
les doubles croches.

VINGT-HUITIÈME ÉTUDE.

Avant de faire jouer cette étude, le professeur expliquera
l'article du trille qui se trouve dans la troisième partie, page
134, puis il fera les interrogations suivantes :

D. Quel est le but de cette étude?

R. D'apprendre à exécuter le trille.

D. Les trilles de cette étude doivent-ils être commencés par la
note principale ou par la note auxiliaire?

R. Par la note auxiliaire.

D. Que signifient les numéros 3 et 2 qui se trouvent placés à
la première note de la main droite?

R. Ils signifient que le trille doit être commencé par la note
auxiliaire Ré.

D. Dans quel ton est cette étude?

R. En Fa dièze majeur.

D Pourquoi passe-t-on en Do dièze majeur à la septième
mesure?

R. Parce qu'on y rencontre le Si dièze, note sensible du ton
de Do dièze, et qu'à la huitième mesure le ton fait sa
conclusion en Do dièze avec Mi dièze, tierce majeure

—

TRENTE-ET-UNIÈME LEÇON.

Travaillez la gamme et les trois positions d'arpéges, ainsi
que l'exercice numéro 22. Cet exercice deviendra très-facile
pourvu que le professeur montre à l'élève qu'il ne s'agit ici
que du changement de position, en lui fesant observer que

le doigté déjà employé pour les trois positions d'arpéges reste
le même et doit être reproduit à chaque groupe de notes.

VINGT-NEUVIÈME ÉTUDE.

D. Quel est le but de cette étude?

R. D'apprendre à exécuter avec précision le piqué et le lié.

D. Dans quel ton est-elle?

R. Dans le ton de Re dièze mineur, relatif de Fa dièze majeur.

D. Pourquoi est-on en Fa dièze mineur depuis la cinquième
mesure jusqu'à la douzième?

R. Parce que le La de la main droite, tierce mineure, et le
Re de la main gauche, sixte mineure par ordre descendant, sont naturels et par conséquent mineurs.

D. Pourquoi passe-t-on en Fa dièze majeur à la treizième
mesure?

R. Parce qu'il n'y a plus de notes altérées

D. Pourquoi passe-t-on de nouveau dans le ton de Re dièze
mineur à la dix-septième mesure?

R. Parce qu'il y a un Si naturel qui descend, tandis que le Do
qui monte est double dièze.

TRENTE-DEUXIÈME LEÇON.

Travaillez la gamme et les trois positions d'arpéges, puis
passez à l'exercice numéro 23 dont le but est le rapproche-
ment du premier et du cinquième doigts; on exécutera cet
exercice les mains séparées, jusqu'à ce que l'on ait acquis la
connaissance du changement du doigté qui s'opère sur deux
différentes notes.

TRENTIÈME ÉTUDE.

Ici le professeur devra revenir au onzième paragraphe afin
d'expliquer quels sont les temps forts et faibles, ainsi que les
parties fortes et faibles; par ce moyen l'élève se rendra
raison de la véritable constitution de la syncope et de la
manière dont elle s'exécute.

Remarque. L'unique défaut du piano est de ne pas pouvoir
diminuer ou renforcer le son après avoir frappé la touche,
aussi est-il impossible de bien rendre la syncope sur cet ins-

trument, car l'exécution de cette note consiste à en renforcer le son au milieu de la valeur qui la représente, sans toutefois la répéter; par conséquent, et afin de se rapprocher autant que possible de la véritable exécution de la syncope, on devra bien tenir la note syncopée.

D. Dans quel ton est cette étude?

R. En Do dièze majeur.

D) Pourquoi passe-t-on en La dièze mineur à la deuxième mesure?

R. Parce que l'on y rencontre le Sol double dièze, note sensible de La dièze.

D. Pourquoi cette étude passe-t-elle en Fa dièze majeur à la quatrième mesure?

R. A cause du Si naturel qui, à la mesure suivante, se résoud en La dièze, tierce majeure de Fa dièze.

D. Pourquoi la sixième mesure est-elle en Re dièze mineur?

R Parce qu'il y a le Do double dièze.

D. Comment s'opère, à la septième mesure, le retour en Do dièze?

R. Par la disparition de la note altérée.

TRENTE-TROISIÈME LEÇON.

Après avoir fait la gamme et les arpéges, on exécutera l'exercice numéro 24 avec les mêmes observations que pour le numéro précédent.

TRENTE-ET-UNIÈME ÉTUDE.

D. Quel est le but de cette étude ?

R D'apprendre à exécuter la petite note longue.

D. Comment s'exécute la petite note longue ?

R. En prenant à la note la moitié de sa valeur pour la donner à la petite note.

D. Doit-on prendre aussi la moitié de la valeur du point ?

R. Non.

Remarque. Le professeur fera observer à l'élève que la petite note longue et le point après la noire donnent, sans qu'elle soit notée, l'exécution la plus régulière de la syncope.

D Dans quel ton est cette étude?

R. En La dièze mineur, relatif de Do dièze majeur.

D. Pourquoi les trois premières mesures de la deuxième partie sont-elles en Do dièze majeur?

R. Parce que le Sol n'est plus double dièze.

SEPTIÈME DÉLASSEMENT AUX ÉTUDES.

Ce morceau doit être joué avec précision et bon goût. Ayez soin d'exécuter la première et deuxième fois, ainsi que le renvoi.

—

TRENTE-QUATRIÈME LEÇON.

L'élève travaillera d'abord cet exercice, puis le professeur lui fera observer qu'à partir du numéro 24 jusqu'au numéro 29 inclusivement ces arpéges, appelés arpéges de septièmes, se composent de quatre notes et sont tous placés sur la quinte du ton; on remarquera aussi que les notes de ces arpéges ne varient jamais du mode majeur au mode mineur et que la dernière note indique le ton de l'exercice.

Remarque. Après s'être exercé aussi longtemps avec des dièzes à la clef, l'élève éprouve une certaine sensation en arrivant à l'exécution des bémols, aussi le professeur devra lui faire répéter cette gamme plusieurs fois avant de passer aux trois positions d'arpéges.

TRENTE-DEUXIÈME ÉTUDE.

Dans ma méthode, les études de la petite vélocité commencent à la trente-deuxième et ne se terminent qu'avec la deuxième partie; le professeur veillera par conséquent à ce que ces études soient jouées et répétées jusqu'à ce que l'élève les sache sans aucune hésitation et dans les mouvements indiqués.

D. Quel est le but de cette étude?

R. D'apprendre à rapprocher le quatrième doigt.

D. Dans quel ton est-elle?

R. En Fa majeur.

D. Pourquoi passe-t-elle en Do majeur à la septième mesure?

R. A cause du Si naturel produit par le bécarre.

D. Pourquoi passe-t-elle de nouveau en Fa à la vingtième
   mesure?

R. Parce que le Si redevient bémol.

   Remarque. On devra, dans cette étude, insister sur l'égalité
de force dans les doigts, tant à la main droite qu'à la main
gauche

TRENTE-CINQUIÈME LEÇON.

L'exercice numéro 26 sert à employer les cinq doigts des
deux mains, et les explications ont été données au numéro 25.
Faites la gamme et les trois positions d'arpéges.

TRENTE-TROISIÈME ÉTUDE.

D. Quel est le but de cette étude?

R. D'apprendre à bien faire ressortir la mélodie à plusieurs
   parties, ainsi qu'à donner de l'agilité à la main gauche.

D. Dans quel ton est-elle?

R. En Re mineur, relatif de Fa majeur.

D. Pourquoi passe-t-on en La mineur à la cinquième mesure?

R. Parce que le Si naturel, descendant sur La, donne cette
   tonalité, et que le Do naturel, à la sixième mesure, détermine cette modalité.

D. Pourquoi passe-t-elle de nouveau en Re mineur à la neuvième mesure?

R. Parce que l'accord de Re avec Fa, tierce mineure, constitue
   cette modalité.

D. Comment doit-on considérer les Sol dièses qui sont continuellement à la main gauche?

R. Comme de simples altérations.

D. Pourquoi passe-t-elle en Fa majeur à la dix-septième
   mesure?

R. Parce que le Do est naturel et qu'il n'y a aucune altération.

D. Comment doit être considéré l'accord placé à la vingt-
   neuvième mesure?

R. Il doit être considéré comme accord de sixte servant à
   préparer la pose sur la quinte du ton.

TRENTE-SIXIÈME LEÇON.

Les explications concernant l'exercice numéro 27 se trouvent à la trente-quatrième leçon ; on le travaillera donc conformément aux règles données, puis on fera la gamme et les trois positions d'arpéges.

TRENTE-QUATRIÈME ÉTUDE.

D. Quel est le but de cette étude ?

R. D'apprendre à bien exécuter le détaché et le lié, tout en donnant de l'agilité aux doigts.

D. Dans quel ton est cette étude ?

R. En Si bémol majeur.

D. Pourquoi passe-t-on en Fa majeur à la septième mesure ?

R. A cause du Mi naturel qui se trouve à la main gauche.

D. Pourquoi la neuvième mesure retourne-t-elle en Si bémol ?

R. Parce qu'il n'y a plus de notes altérées.

Remarque. Dans la grande période en Fa, septième et huitième mesures, il y a une modulation passagère en Do naturel constituant une pose sur la quinte du ton de Fa qui n'a pas été marquée ; on est en Fa majeur jusqu'à la fin de la période.

—

TRENTE-SEPTIÈME LEÇON.

L'exercice numéro 28 a, comme les deux précédents, ses explications dans la trente-quatrième leçon ; on le travaillera, puis on passera à la gamme et aux trois positions d'arpéges.

TRENTE-CINQUIÈME ÉTUDE.

D. Quel est le but de cette étude ?

R. D'apprendre à exécuter le *cantabile* avec les arpéges.

D. Dans quel ton est-elle ?

R. En Sol mineur, relatif de Si bémol majeur.

D. Pourquoi passe-t-on en Do mineur à la cinquième mesure ?

R. A cause du Si naturel que l'on y rencontre et de l'arpége en Do mineur qui se trouve à la sixième mesure.

D. Pourquoi la septième mesure est-elle en Si bémol ?

R. Parce qu'il n'y a plus de notes altérées.

D. Pourquoi la dix-septième mesure est-elle en Sol mineur?

R. A cause du Fa dièze et parce que cet accord est celui de septième posé sur la quinte du ton.

D. Pourquoi passe-t-on en Do majeur à la trentième mesure?

R. Parce que le Mi est naturel.

D. Pourquoi est-on en Do mineur à la trente-deuxième?

R. Parce que le Mi est bémol.

D. Pourquoi en Sol mineur à la trente-deuxième?

R. Parce que l'arpége de la main droite indique ce ton malgré que l'accord de la main gauche soit incomplet.

D. L'arpége et l'accord renversé en La bémol qui se trouvent à la trente-troisième mesure font-ils passer le morceau en La bémol?

R Non, cet accord à la main gauche n'est pas renversé proprement dit et ce n'est simplement qu'un accord sur la quarte du ton; le La bémol ne doit donc être considéré que comme une sixte altérée.

Remarque. C'est par inadvertence que l'article des pédales ainsi que leur emploi ont été placés à l'étude trente-septième, sa véritable place était ici; ce sera donc aux professeurs de juger si l'élève doit les employer dans cette étude.

———

TRENTE-HUITIÈME LEÇON.

L'exercice numéro 29 a, comme les trois précédents, ses explications dans la trente-quatrième leçon; ainsi après l'avoir travaillé, on passera à la gamme et aux trois positions d'arpéges.

TRENTE-SIXIÈME ÉTUDE.

D. Quel est le but de cette étude?

R. D'apprendre à arpéger les accords de la main gauche, ainsi qu'à bien sentir l'expression des nuances, des *piano*, *forte*, etc.

D. Dans quel ton est-elle?

R. En Mi bémol majeur.

D. Pourquoi passe-t-on en Fa mineur à la neuvième mesure?

R. Parce que le bécarre rend le Mi naturel.

D. Pourquoi la onzième est-elle en Sol mineur?

R. A cause du Fa dièze et du La naturel.

D. Pourquoi la treizième est-elle en Si bémol?

R. A cause du La naturel qui se trouve depuis la treizième mesure jusqu'à la dix-huitième.

D. Les accidents qui se trouvent à la main gauche dans la dix-septième et dix-huitième mesures font-ils changer cette phrase de tonalité ou de modalité?

R. Non; comme cette phrase est une pédale à la partie aigue, elle ne change pas la tonalité et ne forme qu'une prolongation de la phrase précédente servant à reprendre la première période.

—

TRENTE-NEUVIÈME LEÇON.

Les exercices compris depuis le n° 30 jusqu'au n° 44 inclusivement sont des arpéges de septièmes diminuées; on devra les travailler avec soin, car ils servent à renforcer les doigts et à les raffermir dans toutes les positions.

Après avoir travaillé ces deux exercices on jouera la gamme et les positions d'arpéges.

TRENTE-SEPTIÈME ÉTUDE.

D. Quel est le but de cette étude?

R. D'apprendre à jouer avec expression, ainsi qu'à exécuter les tierces et les sixtes.

D. Dans quel ton est-elle?

R. En Do mineur, relatif de Mi bémol majeur.

D. Pourquoi passe-t-elle en Mi bémol à la dix-huitième mesure?

R. Parce que les notes ne sont plus altérées.

D. Pourquoi est-on en Do mineur à la vingt-cinquième mesure?

R. Parce que le Si est naturel.

D. Pourquoi en La bémol à la vingt-sixième?

R. Parce que le Re est bémol.

D. Pourquoi en Fa mineur à la vingt-septième?

R. Parce que le Mi est naturel.

D. Pourquoi en La bémol à la quarante-et-unième?

R. Parce que le Re est bémol.

D. Pourquoi en Fa mineur à la quarante-deuxième?

R. Parce que le Mi est naturel.

D. Pourquoi en Re bémol à la quarante-troisième?

R. Parce que le Sol est bémol.

—

QUARANTIÈME LEÇON.

Après avoir étudié les deux exercices suivant les indications prescrites à la leçon précédente, on fera la gamme et les trois positions d'arpéges.

TRENTE-HUITIÈME ÉTUDE.

Pour l'exécution de cette étude observez les indications placées en tête du morceau.

D. Dans quel ton est cette étude?

R. En La bémol majeur.

D. Pourquoi passe-t-elle en Si bémol mineur à la treizième mesure?

R. Parce qu'il y a le La naturel à la treizième, et le Re bémol, tierce mineure de Si bémol, à la quatorzième.

D. Pourquoi retourne-t-elle en La bémol à la quinzième mesure?

R. Parce que les notes ne sont plus altérées.

D. Pourquoi passe-t-on en Mi bémol à la dix-neuvième?

R. Parce que le Re est naturel.

D. Pourquoi depuis la dix-neuvième mesure jusqu'à la quarante-sixième ne change-t-on plus ni de ton ni de mode, malgré qu'il y ait une foule d'accidents et de passages différents?

R. Pour trois raisons: 1° depuis la dix-neuvième mesure jusqu'à la vingt-quatrième on doit considérer ce passage comme modulation unitonale; 2° depuis la vingt-quatrième jusqu'à la trente-cinquième, comme pédale; et 3° depuis la trente-cinquième jusqu'à la quarante-sixième, comme passages chromatiques ne changeant rien à la tonalité établie par cette période.

Nota. Les changements qui s'opèrent encore dans le cours de ce morceau ont leur bases sur les règles données au commencement de ce même morceau.

QUARANTE-ET-UNIÈME LEÇON.

Après avoir travaillé les deux exercices suivant les indications données pour ceux de la trente-neuvième leçon, on fera la gamme et les trois positions d'arpéges.

TRENTE-NEUVIÈME ÉTUDE.

D. Quel est le but de cette étude ?

R. D'exercer les doigts au changement des notes répétées

D. Comment doit-on exécuter ces notes ?

R. Avec beaucoup de légèreté et sans pesanteur dans les bras.

D. Dans quel ton est cette étude ?

R. En Fa mineur, relatif de La bémol majeur.

D. Pourquoi passe-t-on en La bémol majeur à la treizième mesure ?

R. Parce que le Mi est bémol et qu'il n'y a aucune altération.

D. Pourquoi passe-t-on de nouveau en Fa mineur à la vingt-et-unième?

R. Parce que le Mi est naturel.

Nota. Les changements qui s'opèrent encore dans ce morceau sont dans les mêmes conditions de ceux que nous avons vus.

HUITIÈME DÉLASSEMENT AUX ÉTUDES.

Ce morceau doit être étudié jusqu'à ce qu'il soit rendu avec toute l'expression voulue.

QUARANTE-DEUXIÈME LEÇON.

Après avoir travaillé les exercices n⁰ 36 et 37 toujours dans les mêmes conditions que les précédents du même genre, on fera la gamme et les trois positions d'arpéges.

QUARANTIÈME ÉTUDE.

D Quel est le but de cette étude ?

R D'apprendre à accentuer le chant.

D. Comment parvient-on à bien accentuer le chant ?

R. En exécutant avec un peu plus de force la note qui
le représente, afin que cette note se distingue des autres
parties formant l'harmonie ou l'accompagnement.

D. Dans quel ton est cette étude ?

R. En Re bémol majeur.

D. Pourquoi passe-t-elle en La bémol à la dix-septième
mesure ?

R. Parce que le Sol est naturel ; à la vingt-quatrième, on
revient au ton de Re bémol à cause du Sol bémol.

D. Pourquoi passe-t-on en Si bémol mineur à la quarante-
neuvième ?

R. Parce que le La est naturel et qu'à la mesure suivante
on a un Re bémol fesant tierce mineure avec le Si
bémol.

QUARANTE-TROISIÈME LEÇON.

Travaillez les deux exercices dans les mêmes conditions
que les précédents ; faites ensuite la gamme et les arpéges.

QUARANTE-ET-UNIÈME ÉTUDE.

D. Quel est le but de cette étude ?

R. De donner de la force et de l'égalité aux arpéges de
la main gauche.

D. Dans quel ton est cette étude ?

R. En Si bémol mineur, relatif de Re bémol majeur.

D. Pourquoi passe-t-on en Re bémol majeur à la treizième
mesure ?

R. Parce que le La est bémol et qu'il n'y a aucune altération.

D. Pourquoi passe-t-on de nouveau en Si bémol mineur
à la vingt-cinquième ?

R. A cause du La naturel, note sensible de Si bémol.

QUARANTE-QUATRIÈME LEÇON.

Exécutez les deux exercices conformément aux règles
données à la trente-neuvième leçon ; faites ensuite la gamme
et les trois positions d'arpéges

QUARANTE-DEUXIÈME ÉTUDE.

D. Quel est le but de cette étude ?

R. D'apprendre à exécuter le *tenu* et le *détaché*.

D. Comment doit-elle être exécutée ?

R. Les passages à l'unisson et ceux qui ont un chant dif-
différent pour les deux mains devront être bien liés
tandis que l'on détachera, avec beaucoup de netteté,
les croches désignées en *staccato*.

D. Dans quel ton est cette étude ?

R. En Sol bémol majeur.

D. Pourquoi passe-t-on en Re bémol à la dixième mesure ?

R. Parce qu'il y a le Do naturel

D' Pourquoi en La bémol à la treizième ?

R. Parce qu'il y a le Sol naturel.

D. Pourquoi en Re bémol à la seizième ?

R. Parce que le sol redevient bémol.

D. Pourquoi en Sol bémol à la vingt-cinquième ?

R. A cause du Do bémol ; de même qu'à la vingt-huitième
mesure le Do naturel nous fait passer en Re bémol,
le Do bémol, à la trente-deuxième, nous ramène en Sol
bémol.

QUARANTE-CINQUIÈME LEÇON.

L'exercice n° 42 habitue l'élève aux trois positions d'arpéges par mouvements contraires. Faites la gamme et les
trois positions d'arpéges.

QUARANTE-TROISIÈME ÉTUDE.

Remarque. Le but de cette étude est indiqué en tête du
morceau.

D. Dans quel ton est cette étude ?

R. En Mi bémol mineur, relatif de Sol bémol majeur.

D. Comment doit-on analyser ce morceau ?

R. De la manière suivante : la sixième mesure est en Si bémol mineur à cause du Re bémol dans cette mesure,
et du La naturel dans la suivante ; le morceau revient
ensuite en Mi bémol à la huitième à cause du Re naturel ; la treizième est en Sol bémol majeur parce qu'il

n'y a plus de notes altérées ; de la trente-troisième à la trente-neuvième il y a une modulation unitonale qui doit être considérée comme appartenant à la tonalité de Sol bémol; de la quarantième à la cinquante-et-unième, c'est une pédale sur la quinte et par conséquent on est en Mi bémol mineur ainsi que tout le reste du morceau.

QUARANTE-SIXIÈME LEÇON.

Travaillez les quatre positions d'arpéges par mouvement contraire et de septièmes diminuées de l'exercice n° 43; faites ensuite la gamme et les trois positions d'arpéges simples.

QUARANTE-QUATRIÈME ÉTUDE.

D. Quel est le but de cette étude?

R. De développer l'agilité.

D. Dans quel ton est-elle?

R. En Do bémol majeur.

D. Comment doit-on analyser ce morceau?

R. De la manière suivante : le passage en Sol bémol majeur, à la quatrième mesure, est produit par le Fa naturel de la main gauche, mais ce n'est qu'une pose sur la quinte du ton, attendu qu'à la cinquième mesure on est de nouveau en Do bémol majeur; on trouve une période entière en Sol bémol majeur depuis la neuvième mesure jusqu'à la dix-septième où le ton retourne en Do bémol; dans ces mesures, les La double bémols ne sont que des altérations. Le morceau fait encore une pose sur la quinte, à la vingt-quatrième mesure, et la conclusion ne change plus de tonalité.

QUARANTE-SEPTIÈME LEÇON.

L'exercice n° 44 sert à transposer les accords simples dans les trois positions, et le n° 45 à transposer ceux de septièmes diminuées. Étudiez d'abord très-lentement ces exercices et ensuite passez à la gamme et aux trois positions d'arpéges.

QUARANTE-CINQUIÈME ÉTUDE.

D. Quel est le but de cette étude?

R. L'exercice des trilles.

D. Dans quel ton est-elle?

R. Dans le ton de La bémol mineur, relatif de Do bémol majeur.

D. Comment l'analyse-t-on?

R. Ce morceau passe en Do bémol majeur par une pédale sur la quinte de ce même ton, depuis la dix-septième mesure jusqu'à la vingt-quatrième ; cette dernière produit, sur la première du ton, une autre pédale qui continue jusqu'à la trente-troisième mesure où on fait une modulation sur la quinte de La bémol mineur servant à reprendre la première période.

QUARANTE-HUITIÈME LEÇON.

Exercice n° 46. On travaillera cet exercice tous les jours et jusqu'à ce que l'on soit parvenu à l'exécuter avec beaucoup d'agilité et d'égalité.

La gamme chromatique doit aussi être étudiée jusqu'à ce que l'on ait acquis un doigté sûr, rapide et régulier.

QUARANTE-SIXIÈME ÉTUDE.

D. Quel est le but de cette étude?

R. D'apprendre à exécuter les passages chromatiques.

D. Dans quel ton est-elle?

R. En Do majeur.

D. Comment peut-on connaître la tonalité dans les passages chromatiques?

R. En observant trois choses: 1° la note qui commence la phrase; 2° la note qui la finit, et 3° les accords renfermés dans cette même phrase.

D. Dans quel ton seront donc les accords contenus dans la première partie de cette étude?

R. En Do.

D. Et dans les quatre premières mesures de la deuxième partie ?

R. En Sol

D. Et après la quatrième mesure?

R. Tous ces accords sont en Do.

Fin de la deuxième partie.

TROISIÈME PARTIE.

J'ai cru inutile d'écrire des études de vélocité dans cette troisième partie, attendu que l'on peut appliquer ici celles de Charles Czerny, et qu'il serait bien difficile de mieux réussir en ce genre ; on pourra donc suivre les études de vélocité de cet auteur en étudiant la troisième partie de ma méthode ; cependant pour mieux répondre à mon enseignement, on ne suivra que les numéros indiqués à la fin de chaque leçon.

Les exercices compris depuis le n° 49 jusqu'au n° 61 inclusivement ne seront travaillés que par les élèves dont les mains peuvent atteindre l'octave ; les enfants qui ne pourront faire ces exercices devront les remplacer par les exercices journaliers de Charles Czerny ; ils en travailleront quelques reprises à chaque leçon, en attendant que les mains se développent et que leurs doigts aient pris une plus grande extension.

QUARANTE-NEUVIÈME LEÇON.

L'élève en exécutant l'exercice n° 49 éprouvera tout d'abord une certaine fatigue ; aussi ne devra-t-on le lui faire dire qu'une seule fois, et à mesure que les mains acquierront de la facilité on les lui fera répéter jusqu'à dix ou douze fois de suite.

Les gammes de l'étendue de quatre octaves et à l'octave, à la sixte et à la tierce, ainsi que les gammes doubles seront étudiées suivant l'indication contenue dans la méthode.

PRÉLUDE.

Le prélude n° 1 sert à donner de l'agilité et de l'égalité à la main droite, à exercer aux changements d'accords à la main gauche, ainsi qu'à faciliter la vélocité des arpéges par mouvement contraire.

Travaillez, conjointement avec cette leçon, l'étude n° 1 de la vélocité de Charles Czerny.

CINQUANTIÈME LEÇON.

L'exercice n° 50 habitue l'élève aux passages chromatiques en octave. On travaillera cet exercice de la même manière que le précédent tout en ayant soin d'employer, aux deux mains, le quatrième doigt sur les touches noires. Faites les gammes en La mineur puis travaillez le prélude n° 2 qui habitue l'élève aux modulations tonales et modales ainsi qu'aux modulations unitonales. Travaillez, avec cette leçon, l'étude n° 2.

CINQUANTE-ET-UNIÈME LEÇON.

Après avoir travaillé l'exercice n. 51 ainsi que les gammes, on étudiera le prélude n. 3 servant au transport des positions d'arpéges ainsi qu'à celui de positions d'accords. Travaillez, conjointement avec cette leçon, l'étude n. 5.

CINQUANTE-DEUXIÈME LEÇON.

Travaillez l'exercice n. 52 suivant les indications de la méthode; faites les gammes et, exécutez le prélude n. 4, pour les arpéges une main après l'autre, avec beaucoup d'égalité. Travaillez, avec cette leçon, l'étude n. 19.

CINQUANTE-TROISIÈME LEÇON.

Suivre les indications qui se trouvent dans la méthode pour l'exercice n. 53 et travaillez les gammes ainsi que le prélude n. 5, pour la mesure six-huit.

Travaillez conjointement avec cette leçon, l'étude n. 11.

CINQUANTE-QUATRIÈME LEÇON.

Les indications concernant l'exercice n. 54 se trouvent dans la méthode; faites les gammes et le prélude n. 6 qui sert à exécuter les accords en arpéges.

On travaillera, avec cette leçon, l'étude n. 43.

CINQUANTE-CINQUIÈME LEÇON.

Observez la plus grande régularité dans l'exécution de l'exercice n. 55; travaillez ensuite les gammes et le prélude n. 7 servant à exercer les mains aux passages de tierces par mouvement contraire et à la dixième.

Travaillez, conjointement avec cette leçon, l'étude n° 44.

CINQUANTE-SIXIÈME LEÇON.

Dans l'exercice n. 56 on donnera aux mains un mouvement régulier et on évitera les sécousses en passant le deuxième doigt en dessus du premier. Travaillez les gammes ainsi que le prélude n. 8 qui exerce aux réponses entre la main gauche et la main droite

Travaillez, avec cette leçon, l'étude n. 46.

CINQUANTE-SEPTIÈME LEÇON.

L'exercice n. 57 doit être joué avec beaucoup de légéreté et avec une grande précision; après avoir fait les gammes, on travaillera le prélude n. 9 en mouvement de gamme descendante pour la main droite, tandis que la main gauche exécute des arpéges en montant.

Travaillez, avec cette leçon. l'étude n. 48.

CINQUANTE-HUITIÈME LEÇON.

Dans l'exercice n. 58 les doigts doivent avoir une grande égalité de force dans l'exécution ; les gammes seront travaillées suivant les règles données, et on exécutera le prélude n .40, pour le chant de la main droite, avec beaucoup de grâce, tandis que la main gauche arpégera toujours le dernier accord de chaque mesure.

Travaillez, avec cette leçon, l'étude n. 20.

CINQUANTE-NEUVIÈME LEÇON.

Pour l'exercice n. 59 même remarque que pour le n. 58. Après avoir travaillé les gammes, on étudiera le prélude n. 11 qui a trait aux passages chromatiques pour la main droite, et aux accords simples, avec basse sautée, pour la main gauche.

Travaillez, avec cette leçon, l'étude n. 21.

SOIXANTIÈME LEÇON.

L'exercice n. 60 a rapport aux passages harmonisés pour les deux mains. On exécutera les gammes et le prélude n. 12 qui habitue l'élève à donner beaucoup d'expression dans les sons.

Travaillez, avec cette leçon, l'étude n. 23.

SOIXANTE-ET-UNIÈME LEÇON.

L'exercice n. 61 apprend à exécuter les notes ayant une étendue plus grande que l'octave; on doit le travailler avec beaucoup de légèreté. Après avoir fait les gammes, on étudiera le prélude n. 13 qui enseigne à croiser les mains avec grâce et rapidité, tout en conservant une belle position au piano.

Travaillez, avec cette leçon, l'étude n. 24.

SOIXANTE-DEUXIÈME LEÇON.

L'exercice n. 62 sert au changement des doigts sur la même touche sans répéter les notes. Faites les gammes et travaillez ensuite le prélude n. 14 qui exerce aux passages modulés par arpéges ou par accords.

Travaillez, avec cette leçon, l'étude n. 25.

SOIXANTE-TROISIÈME LEÇON.

Le but de l'exercice n. 63 est de donner de l'égalité aux cinq doigts dans l'exécution des trilles. Travaillez les gammes et passez ensuite au prélude n. 15 qui sert pour l'expression, le trille double aux deux mains, ainsi que pour les passages en arpéges et par tierces.

Travaillez, avec cette leçon, l'étude n. 26.

SOIXANTE-QUATRIÈME LEÇON.

L'exercice n. 64 a pour but d'habituer l'élève aux trilles avec changement de doigts sur la même note. Après les gammes, on travaillera le prélude n. 16 qui enseigne à comprimer et à changer les accords, à croiser les mains, ainsi qu'à bien rendre les octaves.

Travaillez, avec cette leçon, l'étude n. 27.

SOIXANTE-CINQUIÈME LEÇON.

Dans l'exercice n. 65 on apprendra à exécuter le trille suivi par le mordent et par le *grupetto*, ainsi qu'à exprimer le *cantabile*. Après avoir travaillé les gammes, on jouera le prélude n. 17 servant à développer la vélocité, ainsi qu'à exécuter les accords en arpéges brisés.

Travaillez, avec cette leçon, l'étude n. 29.

SOIXANTE-SIXIÈME LEÇON.

L'exercice n. 66 est destiné à l'exécution des trilles suivis de notes éloignées et piquées. Après avoir fait les gammes, on passera au prélude n. 18. La première partie de ce prélude sert à exprimer l'harmonie et la mélodie à la main gauche, ainsi que les accords arpégés à la main droite ; la deuxième partie exerce à faire entendre la mélodie et l'harmonie à la main droite et les arpéges à la main gauche.

Les passages contenus dans le point-d'orgue habituent l'élève à entrelacer les mains, tandis que les derniers arpéges, à l'unisson, ainsi que les derniers accords, lui donnent de la force dans l'exécution.

Travaillez, avec cette leçon, l'étude n. 33.

SOIXANTE-SEPTIÈME LEÇON.

L'exercice n. 67 apprend à prolonger le trille sur la note liée qui la suit, ainsi qu'à bien chanter sur l'instrument. Après avoir travaillé les gammes, on passera au prélude n. 19 qui exerce l'élève sur l'exécution des réponses, sans interruption de la mesure, et à la *progression* en sixtes et par mouvement contraire. Les passages du point-d'orgue doivent être exécutés avec beaucoup de rapidité et d'égalité tout en donnant, à la dernière mesure, beaucoup de force et une grande précision au passage par mouvement contraire.

Travaillez, avec cette leçon, l'étude n. 34.

SOIXANTE-HUITIÈME LEÇON.

L'exercice n. 68 apprend à exécuter les trilles avec notes d'agrément; faites les gammes. Le prélude n. 20 apprend à l'élève la modulation par accords et par notes arpégées, ainsi que les passages en arpéges dont les notes sont écrites en forme de notes d'agrément.

Travaillez avec cette leçon, l'étude n. 35.

SOIXANTE-NEUVIÈME LEÇON.

L'exercice n. 69 a pour but d'apprendre l'exécution du trille double aux deux mains. Après les gammes on travraillera le prélude n. 21 qui a trait aux trilles et aux passages en octaves pour la main droite, à la basse sautée et éloignée, aux fioritures très-près du *cantabile*, ainsi qu'aux accords arpégés et brisés à la main gauche.

Travaillez, avec cette leçon, l'étude n. 36.

SOIXANTE-DIXIÈME LEÇON.

L'exercice n. 70 enseigne l'exécution du trille triple et à deux mains. Faites les gammes, et travaillez ensuite le prélude n. 22 jusqu'à ce que les deux mains aillent bien ensemble dans les passages de vélocité, et qu'elles donnent une expression nuancée dans la double pédale aigue ou basse.

Travaillez, avec cette leçon, l'étude n. 37.

SOIXANTE-ONZIÈME LEÇON.

L'exercice n. 71 a rapport au trille et au *cantabile* simultanés pour la main droite. Après les gammes on fera le prélude n. 23 qui consiste en une réponse à chaque main, puis reproduite pour les deux mains ensemble. Les quatre dernières mesures forment une pédale basse à la main gauche, tandis que la main droite fait des notes doubles et aspirées en forme de progression. Ce prélude doit être exécuté avec beaucoup de rapidité et sans aucune interruption.

Travaillez, avec cette leçon, l'étude n. 39.

SOIXANTE-DOUZIÈME LEÇON.

L'exercice n. 72 habitue la main gauche au trille et à l'exécution du *cantabile;* il doit être travaillé d'abord très-lentement et être ensuite accéléré jusqu'au *moderato.* Après avoir fait les gammes on étudiera le prélude n. 24 servant à égaliser les arpéges des deux mains. Il faut que chaque main prenne sa position pendant que l'autre exécute son passage, afin de ne pas interrompre le mouvement.

Travaillez, avec cette leçon, l'étude n. 40.

Le mouvement de la gamme chromatique sera travaillé peu à peu jusqu'à la grande vélocité. Il en sera de même pour la gamme chromatique par tierces, ainsi que pour les gammes par mouvement contraire.

L'élève qui désire atteindre à un plus haut degré de perfectionnement devra travailler et transposer, dans tous les modes mineurs, les gammes avec sixte mineure et septième majeure, tant en montant qu'en descendant, conformément à l'exemple en La mineur qui se trouve dans la méthode. La gamme double pointée, ainsi que celle par tierces et sixtes, seront travaillées telles qu'elles se trouvent dans la méthode.

Les gammes harmoniques doivent toujours être étudiées *moderato,* afin de saisir parfaitement l'effet des accords qui les accompagnent.

Fin de la troisième partie.

QUATRIÈME PARTIE.

—

ANALYSE RHYTHMIQUE.

Nº 1. La vélocité. (*Étude de genre*).

Dès la première mesure, la main droite énonce une imitation sur la tonique qui, à la cinquième mesure, donne lieu à la réponse ou imitation véritable terminant sa phrase à la neuvième mesure et sur la première du ton. Aux deuxième, troisième et quatrième mesures, la main gauche fait un contre-sujet à l'imitation, tout comme la main droite le fait à son tour dans les sixième, septième et huitième mesures. A la neuvième mesure, la partie de la main droite pose un autre genre d'imitation que la main gauche reproduit à la tierce inférieure et jusqu'à la douzième mesure inclusivement. Depuis la troisième mesure jusqu'à la dix-septième, il y a une progression en tierces pour deux mains; et depuis la dix-septième jusqu'à la vingt-deuxième inclusivement, la main gauche continue la progression, tandis que la main droite l'accompagne par des accords arpégés et brisés.

A la dix-neuvième mesure, la tonalité de Sol majeur s'établit et continue jusqu'à la trente-et-unième inclusivement. Depuis la vingt-troisième mesure jusqu'à la vingt-neuvième inclusivement, la main gauche produit une *pédale* basse sur la tonique du ton de Sol, soit sur la quinte du ton principal, tandis que la main droite produit le divertissement.

La trente-et-unième mesure n'est qu'une conclusion de la période en ton de Sol majeur ou sur le ton établi de la quinte. La trente-et-unième mesure sert de préparation aux phrases transitoires qui se produisent jusqu'à la trente-septième mesure établissant sa pose sur la quinte du ton de Do.

Depuis la trente-huitième mesure jusqu'à la quarante-quatrième, on trouve une progression de gammes en tierces et par mouvement contraire qui nous conduit, à la quarante-cinquième, à une reproduction de la progression pour la main gauche, avec accompagnement arpégé et brisé à la main droite sur la tonique ou première du ton. (*La clef de Sol à la main gauche, qui se trouve dans cette ligne, est une faute d'impression; il devrait y avoir une clef de Fa*).

A la quarante-neuvième mesure se produit encore la *pédale* basse, à la main gauche, avec divertissement à la main droite sur la première du ton de Do; cette *pédale* se continue jusqu'à la cinquante-cinquième mesure. La cinquante-sixième mesure prépare à la conclusion de la période qui s'opère sur la première note de la cinquante-septième mesure.

Les accords qui se succèdent ne servent plus qu'à la conclusion du morceau.

—

N° 2. La plainte. (*Nocturne*).

D. De combien de mesures la première *période* est-elle composée ?

R. De seize mesures.

D. De combien de *phrases* cette grande *période* est-elle composée, et de quelle espèce sont ces *phrases?*

R. De seize *phrases*, dont quatorze petites et deux grandes.

D. Comment peut-on détailler ces *phrases?*

R. Les six premières *phrases* se composent chacune d'une seule mesure, tandis que la septième embrasse à elle seule la septième et huitième mesures, ce qui constitue une grande *phrase* faisant une pose sur la quinte du ton; la deuxième grande *phrase* est en tout conforme à la première, si ce n'est que celle-ci fait la conclusion de la période sur la première du ton.

D. Pourquoi à la septième mesure ne lève-t-on pas la pédale comme dans les mesures précédentes?

R. Parce que la pédale ne doit se lever qu'après l'entière conclusion de la *phrase*.

D. Les mesures comprises depuis la seizième jusqu'à la vingt-quatrième forment-elles une *période* ou une *phrase?*

R. Ces mesures forment une petite *période* composée de quatre petites *phrases* de deux mesures et de deux grandes de quatre mesures.

D. Dans quel ton est ce morceau depuis la vingt-qua...
mesure jusqu'à la trente-sixième?

R. En ton de Mi majeur.

D. Depuis la vingt-quatrième mesure jusqu'à la vingt-huitième y a-t-il une *période?*

R. Dans ces mesures, le chant de la main droite fait une
petite *phrase* à chaque deux notes qu'elle exécute; la
grande *phrase* a lieu à la vingt-huitième mesure par un
repos sur la quinte du ton; depuis la vingt-huitième
mesure jusqu'à la trente-deuxième, il n'y a qu'une ré-
production de la *phrase* précédente avec changement
d'accompagnement, et enfin, de la trente-deuxième mesure à la trente-sixième on rencontre une grande *phrase*,
ou une petite *période*, adjointe à la grande.

D. Que signifient les accords contenus depuis la trente-septième mesure jusqu'à la quarante-sixième?

R. Ces accords ne sont que des *modulations transitoires.*

Remarque. Il y a ici d'abord reproduction de la première
période, et il n'y a plus ensuite que des *phrases* de tran-
saction servant à la conclusion du morceau, sauf les deux
mesures qui se trouvent en tête de la page 169, et qui font
une *progression* reproduite à la troisième ligne de cette même
page.

—

N° 3. La plaisanterie. (*Rondeau*).

D. De combien de *périodes* se compose ce morceau?

R. De deux grandes *périodes*.

D. Comment se divisent ces *périodes?*

R. Depuis la première mesure jusqu'à la huitième il y a une
grande *phrase* composée de huit petites, c'est-à-dire
d'une à chaque mesure; depuis la neuvième jusqu'à la
seizième inclusivement, ce sont des *phrases d'imitation*
embrassant chacune deux mesures et faisant une pose
sur la seconde du ton; depuis la dix-septième mesure
jusqu'à la vingt-sixième on rencontre des *phrases* mo-
dulées en une ou deux mesures, et qui servent à la préparation de la reprise de la première grande *phrase* qui

a sa conclusion, comme grande *période*, à la trente-quatrième mesure. La deuxième *période* se compose de
quatre petites *phrases* de quatre mesures chacune.

—

N° 4. La sérénade. (*Six genres réunis*).

D. Comment appelle-t-on les six notes aspirées qui se suivent de deux en deux au commencement du morceau?

R. On les appelle *petite progression modulée* servant d'introduction au morceau.

D. Où commence la *période* de ce morceau?

R. Cette *période* ne commence qu'à la sixième mesure malgré
que le mouvement régulier soit déjà établi à la quatrième.

D. De combien de *phrases* est composée cette *période*?

R. De deux grandes *phrases* composées chacune de huit
mesures, formées elles-mêmes par quatre petites de deux
mesures.

D. Où commence la deuxième *période*?

R. A la vingt-deuxième mesure; elle est de huit mesures
et elle se trouve sur la quinte du ton, c'est-à-dire en
Mi bémol majeur.

D. Depuis l'*agitato* jusqu'à la romance y a-t-il une période?

R. Il n'y a pas de période, mais il n'y a que de simples
phrases servant à la préparation de la romance.

D. Depuis la romance jusqu'à la prière y a-t-il une *période*?

R. Il n'y a là que deux grandes *phrases*: la première se
compose de huit mesures renfermant elle-même quatre
petites *phrases* de deux mesures et faisant un repos sur
la quinte du ton de Do mineur; la deuxième commençant à la neuvième mesure, est composée de quatre petites *phrases*, comme la précédente faisant sa conclusion
en Mi bémol majeur, ce qui donne lieu à la prière. La
prière est aussi composée d'une grande *phrase* qui en
contient quatre petites de deux mesures chacune; l'*a-
gitato* ne forme que des *phrases* servant à préparer la
reprise de la romance en mode majeur, et dont la conclusion de la grande *période* s'opère à la première note

de la deuxième ligne de la page 176; les sept mesures suivantes, jusqu'au *moderato*, ne sont plus que des *phrases* de transition qui servent de conclusion à la Romance.

Les douze premières mesures du *moderato* sont tout à fait semblables aux premières mesures du morceau; cependant, la non répétition de la *phrase* donne lieu à une petite *période*. Dans la cinquième et sixième mesures de la reprise se trouvent deux *phrases* symétriques; la reprise forme une période et le restant du morceau ne sert qu'à sa conclusion.

N° 5. Rivière de Rubis. (*Caprice*.)

D. Comment est composée l'introduction de ce morceau?

R. De quatre grandes *phrases* dont les premières en renferment chacune deux.

D. Qu'est-ce que cet *andante sostenuto*?

R. C'est un thème.

D. Comment est-il composé?

R. D'une *période* se divisant en deux grandes *phrases*; la première en renferme dix petites et fait un repos sur la quinte du ton; la deuxième ne renferme plus que six petites *phrases*, et fait sa conclusion sur la première du ton principal.

D. Qu'est-ce que l'*allegro* de huit mesures qui vient après?

R. Une petite *période* appelée *tutti*.

D. Comment nomme-t-on ce qui suit le *tutti*?

R. Variations reproduisant le thème en différentes manières mais ne changeant en rien l'analyse rhythmique.

D. Que contient la reprise qui se trouve à la page 183?

R. Les deux premières mesures contiennent quatre petites *progressions*, et les quatre ensemble forment une *phrase* qui prend le nom de période, au moyen de la reprise; les mesures qui suivent sont autant de petites *phrases* servant à la conclusion du morceau.

N° 6. Grappes et Fleurs. (*Fantaisie*).

D. Y a-t-il une *période* dans cet *allegro*?

R. Dans cet *allegro* il n'y a pas de *période*; il n'est composé
que de deux grandes *phrases* qui en renferment chacune
trois petites.

D. De quoi se compose ce trille?

R. D'une petite *phrase* de prolongation servant à préparer le
point-d'orgue.

D. Qu'est-ce que cet *allegretto*?

R. C'est un thème formé d'une *période* de seize mesures, et
composé de deux grandes *phrases* de huit mesures chacune dont chaque mesure constitue une petite *phrase*.

D. Qu'est-ce que cet *allegro*?

R. C'est un *tutti* qui se divise par *phrases* de deux en deux
mesures, fesant une pose sur le ton de Si majeur, afin
de préparer la première variation; cette variation ainsi
que l'*allegro* sont entièrement conformes au thème; il
s'opère toutefois, dans ce dernier, une pose non plus en
Si majeur mais bien sur la quinte de Sol majeur. Après
le point-d'orgue, on rencontre une deuxième variation
suivie par un *tutti* dont les *phrases* et les *périodes* ne
changent pas.

A la quinzième mesure du dernier *allegro* ou *tutti*, commencent les *phrases* d'une seule mesure qui servent à la
conclusion du morceau.

FIN.

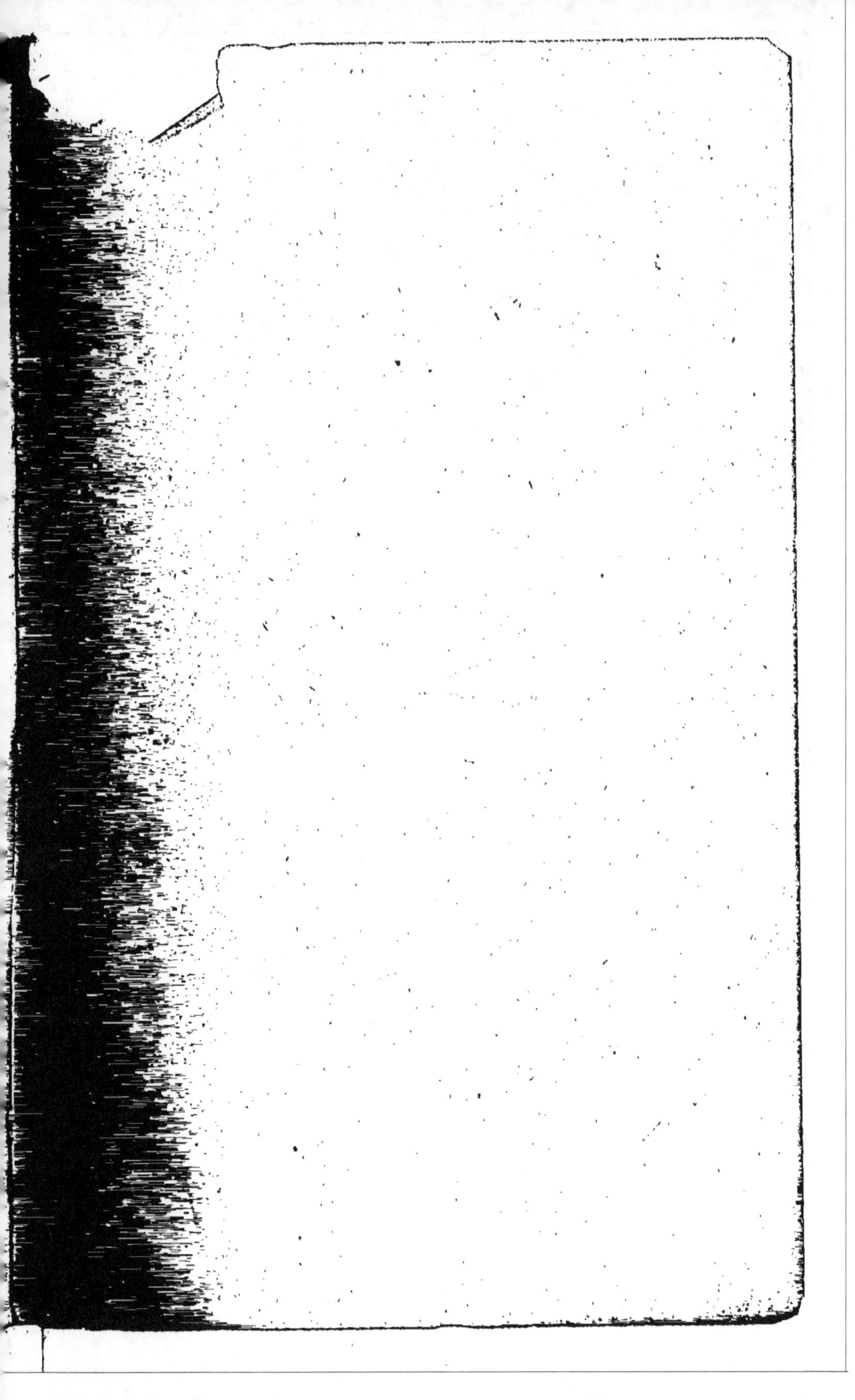

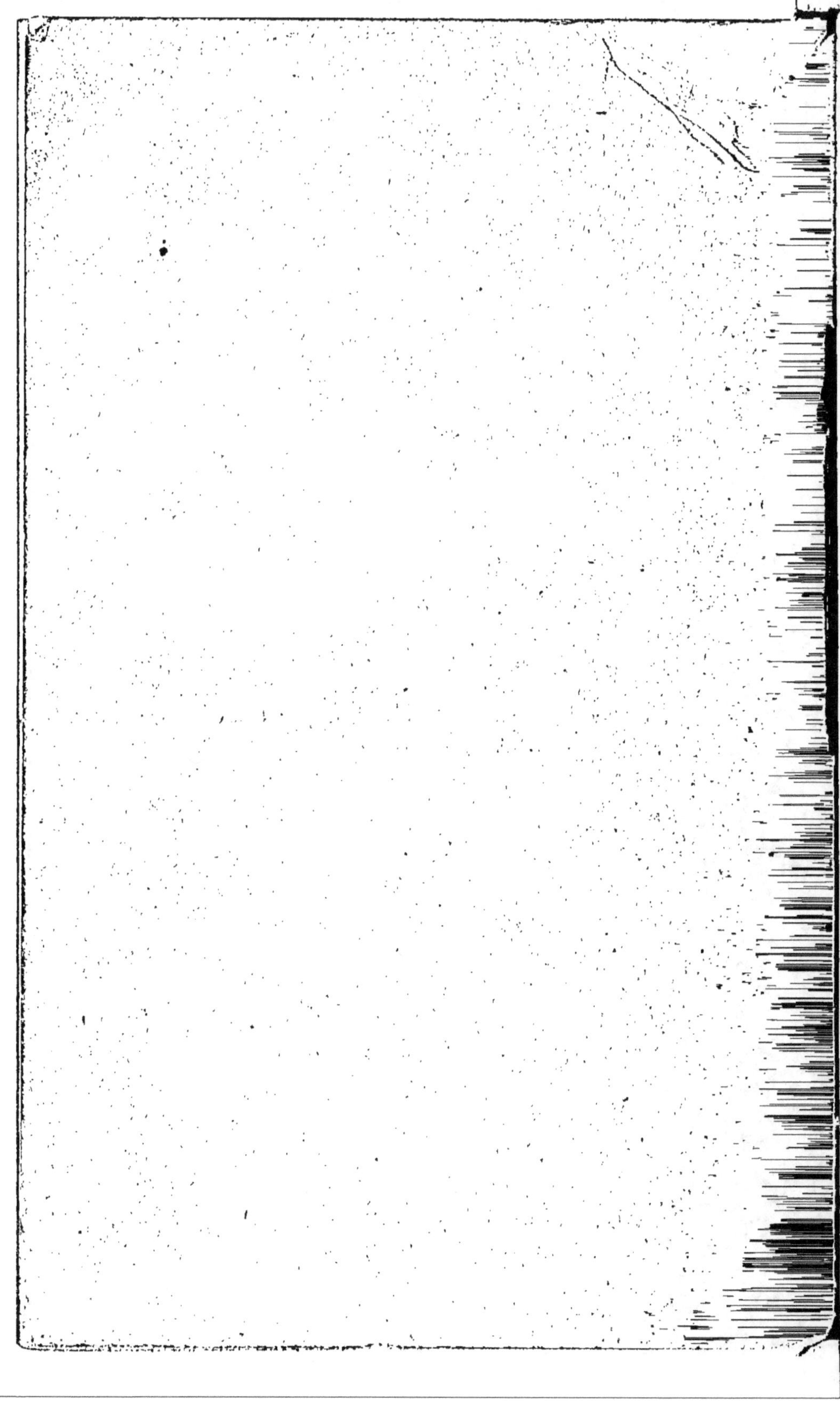

www.ingramcontent.com/pod-product-compliance
Lightning Source LLC
LaVergne TN
LVHW022248030726
842520LV00009B/1171